Langenscheidt Grundschulwörterbuch Englisch

W0183081

Langenscheidt
München · Wien

Autorin: Karen Richardson
Zeichnungen: Hans-Jürgen Feldhaus

Umschlaggestaltung: init.büro für gestaltung, Bielefeld,
unter Verwendung von Zeichnungen von Hans-Jürgen Feldhaus

www.langenscheidt.de

Druck: C.H.Beck, Nördlingen
ISBN 978-3-468-20412-8 für die Hardcover-Ausgabe
ISBN 978-3-468-20413-5 für die Hardcover-TING-Ausgabe
ISBN 978-3-468-20414-2 für die broschierte TING-Ausgabe

13011

Einleitung

Liebe Schülerin, lieber Schüler,

Englisch lernen – mit deinem neuen Grundschulwörterbuch Englisch ist das ganz einfach!
Such dir zunächst aus den 20 verschiedenen Themen eins heraus und schau dir dazu in Ruhe das Wimmelbild an. Hier kannst du schon viele interessante Sachen entdecken und zu einigen bereits die englische Bezeichnung. Lies dann die einzelnen englischen Wörter zu diesem Themenbereich mit der deutschen Übersetzung. Versuch, dir das englische Wort zu merken. Das kleine Bild neben dem Wort hilft dir sicher dabei.
Der Beispielsatz zeigt dir dann, wie man das englische Wort richtig anwendet. Wenn du den Satz nicht gleich verstehst, so schau dir noch mal das große Bild an. Hier findest du alles wieder, was mit den Sätzen ausgedrückt wird. Noch mehr Informationen gibt es manchmal in kleinen Kästchen, die z. B. Wochentage und Monate oder wichtige Fragen und Antworten enthalten. Im Kapitel Schule stehen im Kästchen Arbeitsanweisungen, die du im Unterricht sicher oft hören wirst.
Wenn du nicht weißt, zu welchem Thema ein Wort gehört, kannst du es im Verzeichnis am Ende des Buches schnell nachschlagen. Hier findest du auch die Lautschrift zu den englischen Wörtern, damit du weißt, wie du sie richtig aussprechen musst.

Und nun wünschen wir dir viel Spaß beim Englischlernen.

Autorin und Verlag

Inhaltsverzeichnis

My family and friends

grandmother

grandfather

friend

father

tortoise

girl

beard

mother

glasses

dog

cat

baby

boy

My family and friends

am bin
I am eleven years old.
Ich bin elf Jahre alt.

are sind
Holly and Jack are my best friends.
Holly und Jack sind meine besten Freunde.

aunt die Tante
Aunt Lizzie is Uncle Bill's wife.
Tante Lizzie ist Onkel Bills Frau.

baby das Baby
Aunt Lizzie, Uncle Bill and the baby live on a farm.
Tante Lizzie, Onkel Bill und das Baby wohnen auf einem Bauernhof.

to be sein
It's fun to be a child.
Es macht Spaß, ein Kind zu sein.

beard der Bart
Uncle Bill has a beard.
Onkel Bill hat einen Bart.

best beste, bester
Who is your best friend?
Wer ist dein bester Freund?

boy der Junge
Bist du ein Junge oder ein Mädchen?

brother der Bruder
Max is my brother.
Max ist mein Bruder.

to be called heißen
The farm cat is called Winston.
Der Kater vom Bauernhof heißt Winston.

cat die Katze, der Kater
The baby likes the cat.
Das Baby mag die Katze.

child das Kind
Aunt Lizzie has one child.
Tante Lizzie hat ein Kind.

children die Kinder
There are two children in the tree.
Im Baum sitzen zwei Kinder.

to climb klettern
Max and Mia have climbed up the tree.
Max und Mia sind auf den Baum geklettert.

to come from kommen aus
I come from England.
Ich komme aus England.

cousin der Cousin, die Cousine
The baby is my cousin.
Das Baby ist mein Cousin.

Dad Papa
This is my dad.
Das ist mein Papa.

daughter die Tochter
My mum has two daughters.
Meine Mama hat zwei Töchter.

dog der Hund
Queenie is my dog.
Queenie ist mein Hund.

England England
We live in England.
Wir wohnen in England.

English Englisch
We speak English.
Wir sprechen Englisch.

family die Familie
This is my family.
Das ist meine Familie.

father der Vater

Grandpa is Dad's father.

Opa ist Papas Vater.

fine gut

I'm fine, thanks.

Mir geht's gut, danke.

friend der Freund, die Freundin

The cat is the baby's best friend.

Der beste Freund des Babys ist die Katze.

German Deutsch

Can you speak German?

Kannst du Deutsch?

girl das Mädchen

I'm a girl, Max is a boy.

Ich bin ein Mädchen, Max ist ein Junge.

glasses die Brille

Mum wears reading glasses.

Mama trägt eine Lesebrille.

grandfather der Großvater

I call my grandfather Grandpa.

Ich nenne meinen Großvater Opa.

grandmother die Großmutter

I call my grandmother Grandma.

Ich nenne meine Großmutter Oma.

grandparents die Großeltern

Grandpa and Grandma are my grandparents.

Opa und Oma sind meine Großeltern.

to have haben

I have a big family.

Ich habe eine große Familie.

hello hallo
Hello, my name is Mia.
Hallo, mein Name ist Mia.

---

hi hallo, hi
Hi, I'm Max.
Hi, ich bin Max.

---

husband der Ehemann
Dad is Mum's husband.
Papa ist Mamas Ehemann.

---

is ist
The baby is one year old.
Das Baby ist ein Jahr alt.

---

man der Mann
Dad is a man. Uncle Bill is a man, too.
Papa ist ein Mann. Onkel Bill ist auch ein Mann.

mother die Mutter
Grandma is Dad's mother.
Oma ist Papas Mutter.

---

mum Mama
This is my mum.
Das ist meine Mama.

---

my mein
My grandparents like to dance.
Meine Großeltern tanzen gern.

---

name der Name
Hello, my name is Penny.
Hallo, mein Name ist Penny.

---

parents die Eltern
Mum and Dad are our parents.
Mama und Papa sind unsere Eltern.

---

pet das Haustier
I have a pet.
Ich habe ein Haustier.

photo das Foto
This is my favourite photo.
Dies ist mein Lieblingsfoto.

pilot der Pilot
My dad is a pilot.
Mein Papa ist Pilot.

to read lesen
Mum loves to read.
Mama liest gern.

sister die Schwester
Mia is my sister.
Mia ist meine Schwester.

son der Sohn
The baby is Aunt Lizzie's son.
Das Baby ist Tante Lizzies Sohn.

to speak sprechen
Can you speak English too?
Kannst du auch Englisch sprechen?

this dies
This is Buttercup.
Dies ist Buttercup.

too auch
The cat lives on the farm too.
Die Katze wohnt auch auf dem Bauernhof.

tortoise die Schildkröte
Grandma has a tortoise called Lady Slow.
Oma hat eine Schildkröte namens Lady Slow.

twins die Zwillinge
Max and Mia are twins.
Max und Mia sind Zwillinge.

uncle der Onkel
Uncle Bill is Dad's brother.
Onkel Bill ist Papas Bruder.

uniform die Uniform
Dad is wearing his dark blue pilot's uniform.
Papa trägt seine dunkelblaue Pilotenuniform.

wife die Ehefrau
Uncle Bill has a wife.
Onkel Bill hat eine Frau.

woman die Frau
Mum is a woman. Aunt Lizzie is a woman too.
Mama ist eine Frau. Tante Lizzie ist auch eine Frau.

years old … Jahre alt
The twins are nine years old.
Die Zwillinge sind neun Jahre alt.

Questions and answers	Fragen und Antworten
Where do you come from? Woher kommst du?	**I come from England.** Ich komme aus England.
Where do you live? Wo wohnst du?	**I live in London.** Ich wohne in London.
What's your name? Wie ist dein Name?	**My name is Penny.** Mein Name ist Penny.
How old are you? Wie alt bist du?	**I'm eleven.** Ich bin elf.
Do you have a brother? Hast du einen Bruder?	**Yes, I have a brother and a sister.** Ja, ich habe einen Bruder und eine Schwester.
Do you have a pet? Hast du ein Haustier?	**Yes, I have a dog.** Ja, ich habe einen Hund.
How are you? Wie geht es dir?	**I'm fine, thanks.** Mir geht's gut, danke.

My home

squirrel

tree house

ladder

television

armchair

curtain

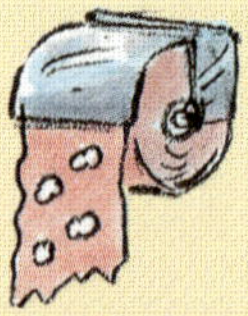

toilet paper

spider

bush

bee

chimney

bird house

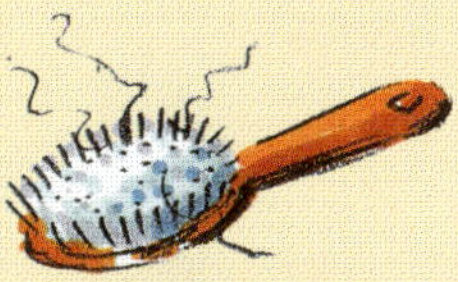

hairbrush

shampoo

tap

soap

rose

flower

key

address die Adresse
What's your address?
Wie ist deine Adresse?

apartment (AE) die Wohnung
Do you live in a house or in an apartment?
Wohnst du in einem Haus oder in einer Wohnung?

armchair der Sessel
Queenie likes to sleep on the armchair.
Queenie schläft gern auf dem Sessel.

at home zu Hause
Everybody is at home today.
Heute sind alle zu Hause.

attic der Dachboden
Mum is looking for a book in the attic.
Mama sucht ein Buch auf dem Dachboden.

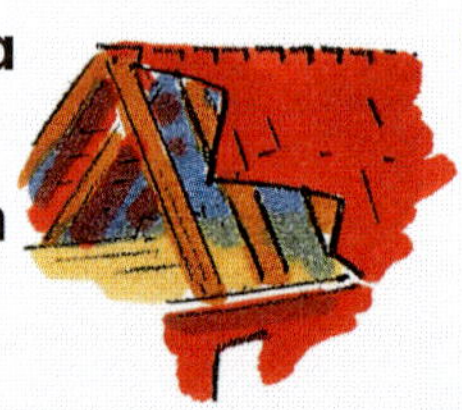

balcony der Balkon
My teacher has lots of flowers on her balcony.
Meine Lehrerin hat viele Blumen auf ihrem Balkon.

bath (BE) die Badewanne
The yellow duck is sitting on the bath.
Die gelbe Ente sitzt auf der Badewanne.

bathroom das Badezimmer
Who is in the bathroom?
Wer ist im Badezimmer?

bedroom das Schlafzimmer
I'm in my bedroom.
Ich bin in meinem Schlafzimmer.

bee die Biene
The bee is flying around the rose bush.
Die Biene fliegt um den Rosenbusch.

bird house das Vogelhäuschen

Can you see the robin in the bird house?

Kannst du das Rotkehlchen im Vogelhäuschen sehen?

bush der Busch

The bee loves the rose bush.

Die Biene liebt den Rosenbusch.

can können

Can you see the mouse in the kitchen?

Kannst du die Maus in der Küche sehen?

carpet der Teppich

I like the carpet in the hall.

Ich mag den Teppich im Flur.

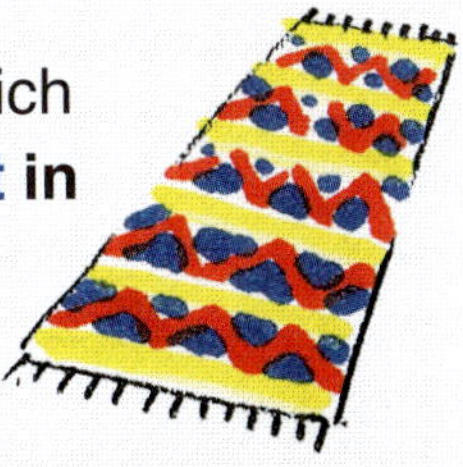

cellar der Keller

Queenie doesn't like the cellar.

Queenie mag den Keller nicht.

chimney der Schornstein

The bird is sitting on the chimney.

Der Vogel sitzt auf dem Schornstein.

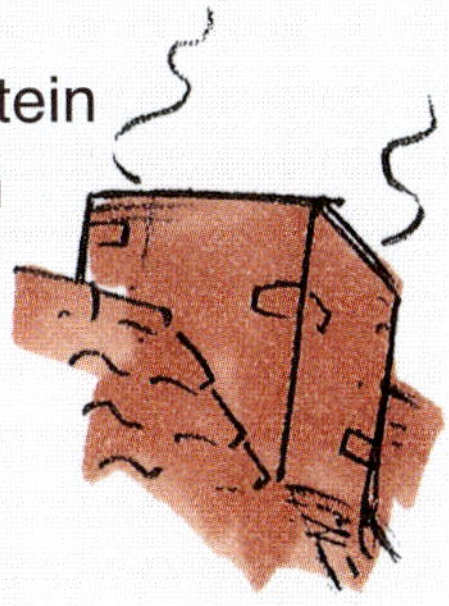

countryside das Land, die Landschaft

Aunt Lizzie and Uncle Bill live in the countryside.

Tante Lizzie und Onkel Bill wohnen auf dem Land.

curtain der Vorhang

Who is hiding behind the curtain?

Wer versteckt sich hinter dem Vorhang?

dining room das Esszimmer

Our neighbours eat their dinner in their dining room.

Unsere Nachbarn essen in ihrem Esszimmer zu Abend.

door die Tür
Our house has a big blue door.
Unser Haus hat eine große blaue Tür.

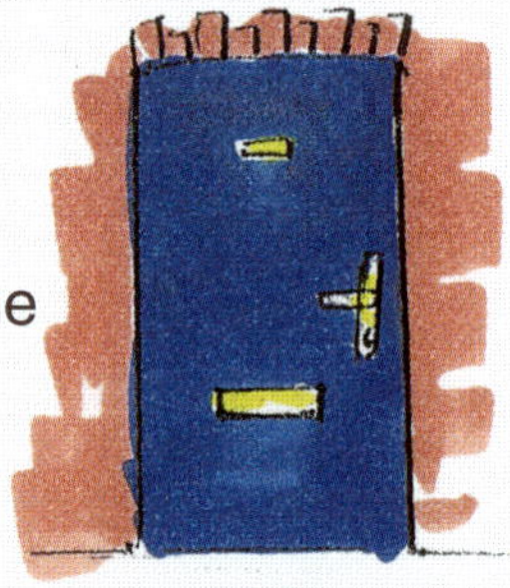

downstairs unten
Grandma and Grandpa are downstairs.
Oma und Opa sind unten.

flat (BE) die Wohnung
We live in a house. My teacher lives in a flat.
Wir wohnen in einem Haus. Meine Lehrerin wohnt in einer Wohnung.

flower die Blume
There are lots of flowers in the garden.
Es gibt viele Blumen im Garten.

front door die Haustür
Dad is at the front door.
Papa steht vor der Haustür.

garage die Garage
The car and the bicycles are in the garage.
Das Auto und die Fahrräder sind in der Garage.

garden der Garten
The twins are playing in the garden.
Die Zwillinge spielen im Garten.

grass das Gras
Queenie doesn't like to sit on the wet grass.
Queenie sitzt nicht gern im nassen Gras.

hairbrush die Haarbürste
Where is my hairbrush?
Wo ist meine Haarbürste?

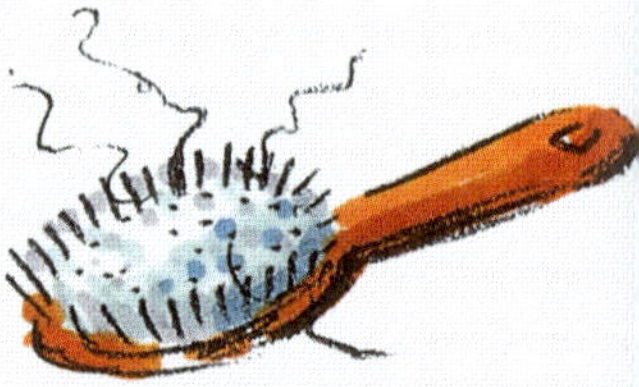

hall der Flur

The umbrellas are in the hall.

Die Regenschirme sind im Flur.

---

house das Haus

We live in a red house.

Wir wohnen in einem roten Haus.

---

key der Schlüssel

Dad is looking for his key.

Papa sucht seinen Schlüssel.

---

kitchen die Küche

The mouse is in the kitchen looking for the cheese.

Die Maus ist in der Küche und sucht nach Käse.

---

ladder die Leiter

Climb the ladder up to the tree house.

Kletter die Leiter zum Baumhaus hoch.

to live wohnen, leben

Do you live in a house or a flat?

Wohnst du in einem Haus oder in einer Wohnung?

---

living room das Wohnzimmer

Grandpa and Grandma are dancing in the living room.

Opa und Oma tanzen im Wohnzimmer.

---

to look for suchen

Queenie is looking for her bone.

Queenie sucht ihren Knochen.

---

neighbour der Nachbar

Rita and Sanjay are our neighbours.

Rita und Sanjay sind unsere Nachbarn.

---

roof das Dach

There is a chimney on the roof.

Es gibt einen Schornstein auf dem Dach.

rose die Rose

Red roses are Mum's favourite flowers.
Rote Rosen sind Mamas Lieblingsblumen.

shampoo das Shampoo

I wash my hair with the green shampoo.
Ich wasche meine Haare mit dem grünen Shampoo.

shed der Schuppen

Mia's in the shed.
Mia ist im Schuppen.

shower die Dusche

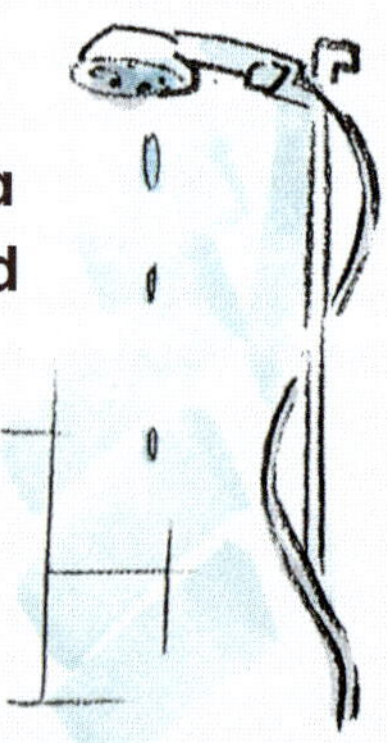

Dad likes to have a hot shower on cold mornings.
Papa mag eine heiße Dusche an kalten Morgen.

sink das Waschbecken

There is a lot of water in the sink.
Da ist viel Wasser im Waschbecken.

soap die Seife

Max doesn't like soap.
Max mag keine Seife.

sofa das Sofa

Mum likes to read on the sofa.
Mama liest gern auf dem Sofa.

spider die Spinne

The spider is in the bath.
Die Spinne ist in der Badewanne.

squirrel das Eichhörnchen

The squirrel is angry with Max.
Das Eichhörnchen ist wütend auf Max.

stairs die Treppe

Don't fall down the stairs!
Fall nicht die Treppe runter!

tap (BE) der Wasserhahn
The cold tap is blue, and the hot tap is red.
Der Kaltwasserhahn ist blau, der Warmwasserhahn ist rot.

towel das Handtuch
The towels are hanging next to the sink.
Die Handtücher hängen neben dem Waschbecken.

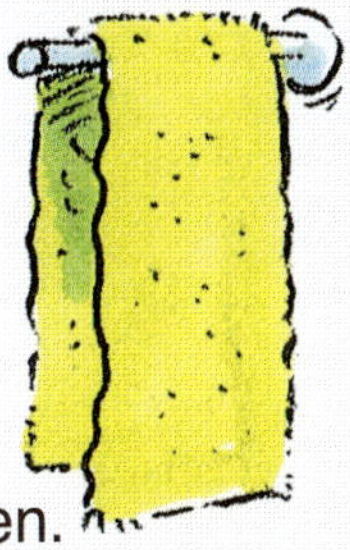

telephone das Telefon
The telephone is on a table in the hall.
Das Telefon steht auf einem Tisch im Flur.

tree der Baum
There's a big old tree in the garden.
Im Garten steht ein großer alter Baum.

television der Fernseher
After school I watch television with the twins.
Nach der Schule sehe ich mit den Zwillingen fern.

tree house das Baumhaus
Max is in the tree house.
Max ist im Baumhaus.

toilet die Toilette
Queenie! Don't drink out of the toilet.
Queenie! Nicht aus der Toilette trinken.

upstairs oben
My bedroom is upstairs.
Mein Zimmer ist oben.

toilet paper das Toilettenpapier
Help! Where's the toilet paper?
Hilfe! Wo ist das Toilettenpapier?

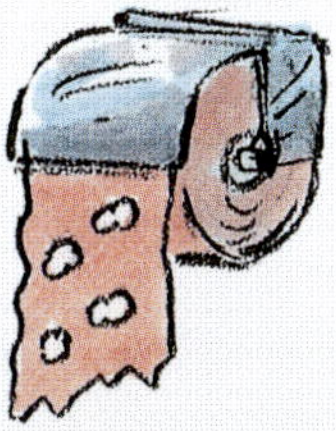

My room, my toys

doll

tennis racket

ball

comic

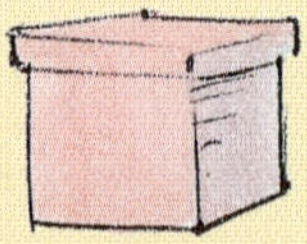

box

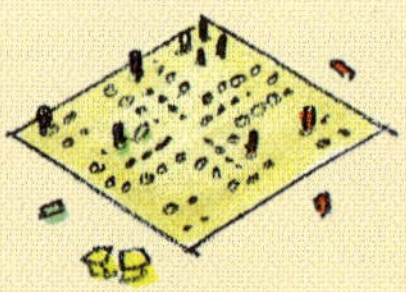

game

keyboard

poster

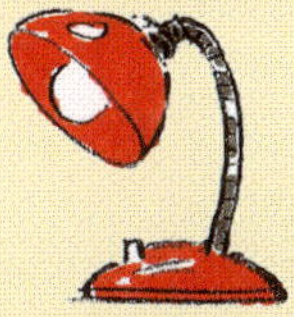

lamp

mobile phone

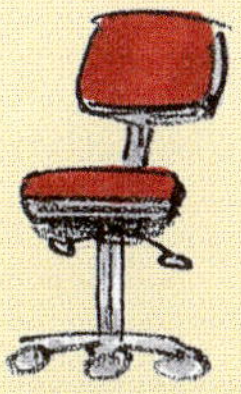

chair

dice

alarm clock

piggy bank

radio

alarm clock der Wecker

My alarm clock is very loud.

Mein Wecker ist sehr laut.

cassette die Kassette

My cassettes are on the shelf.

Meine Kassetten sind auf dem Regal.

ball der Ball

Why is Max's ball in my room?

Warum ist Max' Ball in meinem Zimmer?

CD die CD

This is my favourite CD.

Dies ist meine Lieblings-CD.

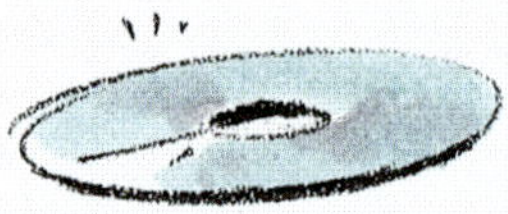

bed das Bett

I like to stay in bed on rainy days.

Ich bleibe an Regentagen gern im Bett.

CD player der CD-Spieler

My music CDs are next to the CD player.

Meine CDs sind neben dem CD-Spieler.

box die Schachtel

How many boxes are on the shelf?

Wie viele Schachteln sind auf dem Regal?

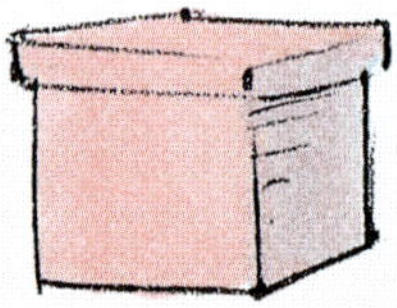

chair der Stuhl

Do you like my blue chair?

Magst du meinen blauen Stuhl?

to break kaputt machen

Be careful! Don't break the piggy bank.

Sei vorsichtig! Mach das Sparschwein nicht kaputt.

comic das Comicheft

I like to read comics in bed.

Ich lese gern Comichefte im Bett.

computer der Computer
Sometimes I do my homework on the computer.
Manchmal mache ich meine Hausaufgaben am Computer.

computer game
das Computerspiel
Max likes to play computer games on my computer.
Max spielt auf meinem Computer gern Computerspiele.

desk der Schreibtisch
I do my homework at my desk.
Ich mache meine Hausaufgaben an meinem Schreibtisch.

dice die Würfel
Throw the dice.
Würfle!

dinosaur der Dinosaurier
Rex, the dinosaur, is on top of the computer.
Rex, der Dinosaurier, ist oben auf meinem Computer.

doll die Puppe
My favourite doll is called Sally.
Meine Lieblingspuppe heißt Sally.

floor der Boden, der Fußboden
We are sitting on the floor.
Wir sitzen auf dem Fußboden.

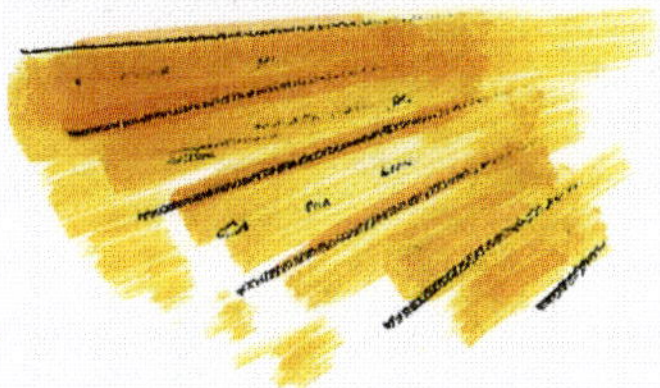

game das Spiel
I'm playing a game with Holly and Jake.
Ich spiele mit Holly und Jake ein Spiel.

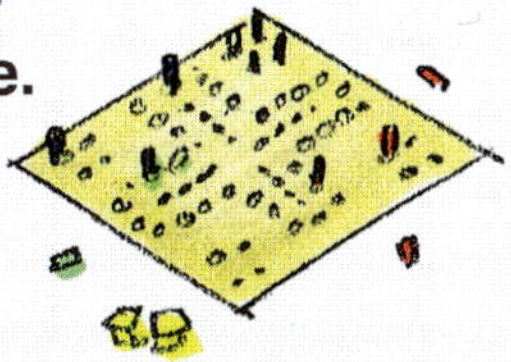

keyboard die Tastatur

The computer keyboard is on the desk.

Die Computertastatur ist auf dem Schreibtisch.

lamp die Lampe

What colour is my lamp?

Welche Farbe hat meine Lampe?

mobile phone (BE) das Handy

Where is my mobile phone?

Wo ist mein Handy?

mouse pad das Mauspad

The mouse is on the mouse pad.

Die Maus ist auf dem Mauspad.

piggy bank das Sparschwein

My piggy bank isn't very heavy.

Mein Sparschwein ist nicht sehr schwer.

pillow das Kopfkissen

Ah, my pillow is lovely and soft.

Ah, mein Kopfkissen ist schön weich.

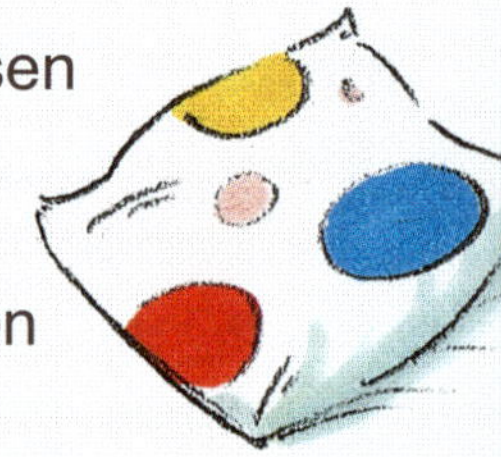

poster das Poster

Can you see the poster of my favourite pop group?

Siehst du das Poster von meiner Lieblingsgruppe?

radio das Radio

I sometimes listen to the radio in the morning.

Manchmal höre ich morgens Radio.

rollerblades® die Inliner

Where are my rollerblades?

Wo sind meine Inliner?

room das Zimmer

This is my room, and I love it.

Dies ist mein Zimmer, und ich liebe es.

shelf das Regal

There are lots of books on the shelf.
Auf dem Regal sind viele Bücher.

---

to sit sitzen

Queenie is sitting in her basket.
Queenie sitzt in ihrem Körbchen.

---

sometimes manchmal

Queenie sometimes sleeps on my bed.
Manchmal schläft Queenie auf meinem Bett.

---

teddy bear der Teddybär

My teddy bear always sleeps on my bed.
Mein Teddybär schläft immer auf meinem Bett.

---

tennis ball der Tennisball

What colour are the tennis balls?
Welche Farbe haben die Tennisbälle?

---

tennis racket
der Tennisschläger

My tennis racket is very old.
Mein Tennisschläger ist sehr alt.

---

toy das Spielzeug

The boxes are full of toys.
Die Schachteln sind voll mit Spielzeug.

---

wall die Wand

The poster is on the wall above my bed.
Das Poster ist an der Wand über meinem Bett.

---

window das Fenster

My desk is in front of the window.
Mein Schreibtisch steht vor dem Fenster.

My body

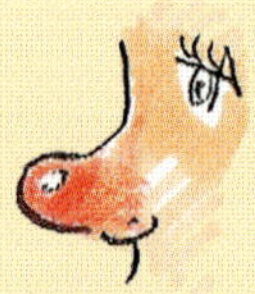
nose

mouth

foot

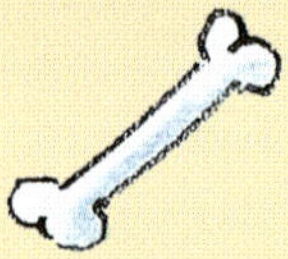
bone

doctor

eye

ear

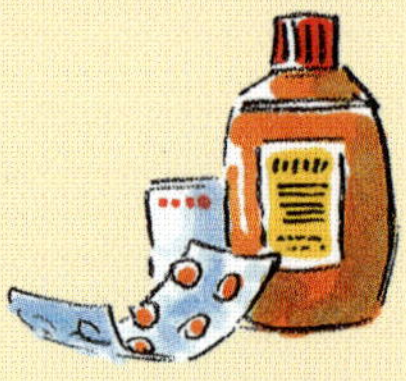
medicine

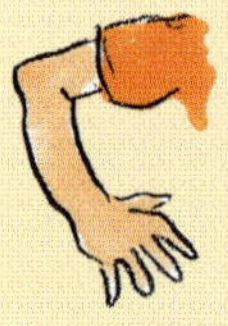
elbow

arm

plaster

mirror

leg

bandage

thumb

toe

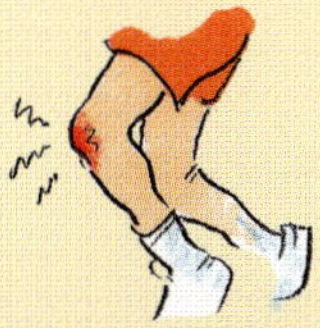

knee

arm der Arm
Max's arms are very muddy.
Max' Arme sind sehr schmutzig.

back der Rücken
Mum's back hurts.
Mamas Rücken tut weh.

bandage der Verband
Teddy has a bandage around his head.
Teddy hat einen Verband um den Kopf.

to bleed bluten
Max's knee is bleeding.
Max' Knie blutet.

blond blond
I have blond hair.
Ich habe blondes Haar.

body der Körper
My body hurts.
Mein Körper tut weh.

bone der Knochen
Mia has hurt her toe on Queenie's bone.
Mia hat ihren Zeh an Queenies Knochen gestoßen.

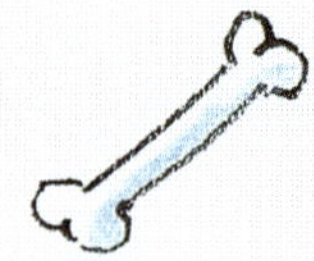

bottom der Po, der Hintern
The baby has fallen down and hurt his bottom.
Das Baby ist hingefallen und hat sich am Po wehgetan.

bruise der blaue Fleck
Mia has a bruise on her leg.
Mia hat einen blauen Fleck am Bein.

to bump anstoßen
Mia has bumped her toe.
Mia hat sich den Zeh angestoßen.

chest die Brust
The doctor is listening to my chest.
Die Ärztin hört meine Brust ab.

---

chin das Kinn
Dad has a plaster on his chin.
Papa hat ein Pflaster am Kinn.

---

cold die Erkältung
I think I have a cold.
Ich glaube, ich habe eine Erkältung.

---

cough der Husten
The doctor gave me medicine for my cough.
Die Ärztin gab mir Medizin für meinen Husten.

---

curly lockig
Do you have curly hair?
Hast du lockiges Haar?

dirty dreckig, schmutzig
Why is Max so dirty?
Warum ist Max so dreckig?

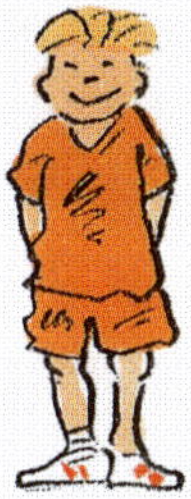

---

doctor der Arzt, die Ärztin
The doctor is a very nice lady.
Die Ärztin ist eine sehr nette Frau.

---

ear das Ohr
Queenie is scratching her ear.
Queenie kratzt sich am Ohr.

---

earache die Ohrenschmerzen
My ears hurt. I have horrible earache.
Meine Ohren tun weh. Ich habe schreckliche Ohrenschmerzen.

---

elbow der Ellenbogen
Max bumped his elbow.
Max hat sich am Ellenbogen gestoßen.

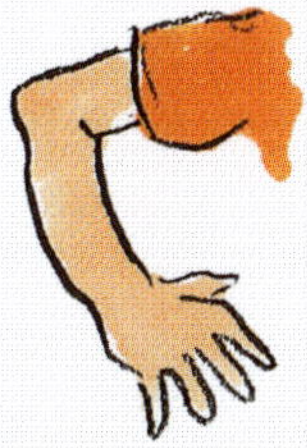

eye das Auge

The bandage is over Teddy's eye.

Der Verband ist über Teddys Auge.

eyebrow die Augenbraue

Your eyebrows are above your eyes.

Die Augenbrauen sind über deinen Augen.

face das Gesicht

Max has a very dirty face.

Max hat ein sehr schmutziges Gesicht.

to fall down hinfallen

Max fell down when he was playing football.

Max ist beim Fußballspielen hingefallen.

to feel sich fühlen

I feel ill.

Ich fühle mich krank.

feet die Füße

My feet are cold.

Meine Füße sind kalt.

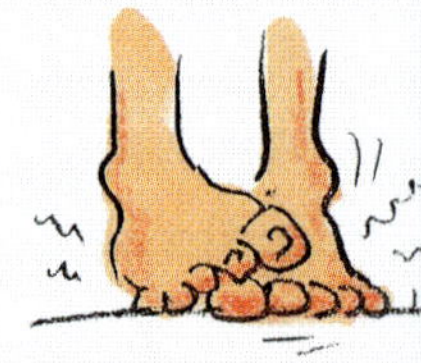

finger der Finger

How many fingers do you have?

Wie viele Finger hast du?

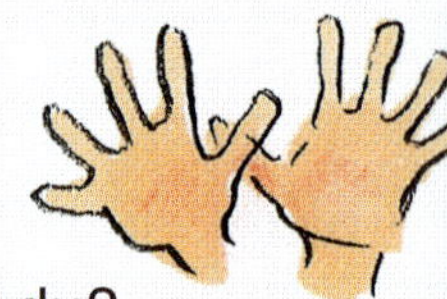

foot der Fuß

The baby can put his foot into his mouth.

Das Baby kann seinen Fuß in den Mund nehmen.

hair das Haar

Grandma has grey hair.

Oma hat graues Haar.

hand die Hand

The baby's hands are very small. Uncle Bill's hands are very big.

Babys Hände sind sehr klein. Onkel Bills Hände sind sehr groß.

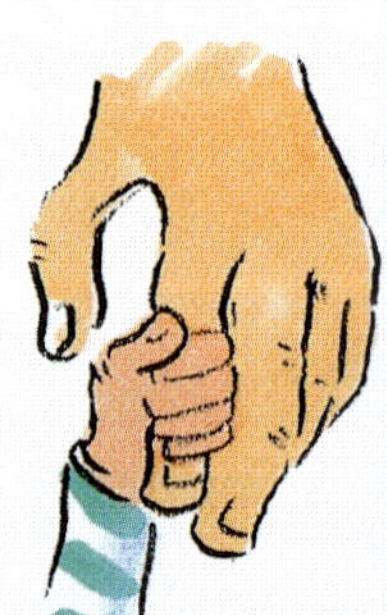

to have a bath ein Bad nehmen
Max needs to have a bath.
Max muss ein Bad nehmen.

head der Kopf
My head is hot.
Mein Kopf ist heiß.

headache die Kopfschmerzen
Our teacher sometimes has a headache.
Unsere Lehrerin hat manchmal Kopfschmerzen.

to hear hören
Can you hear the rain?
Kannst du den Regen hören?

to hurt wehtun
My head hurts.
Mein Kopf tut weh.

ill krank
I feel ill.
Ich fühle mich krank.

knee das Knie
Max has hurt his knee.
Max hat sich am Knie wehgetan.

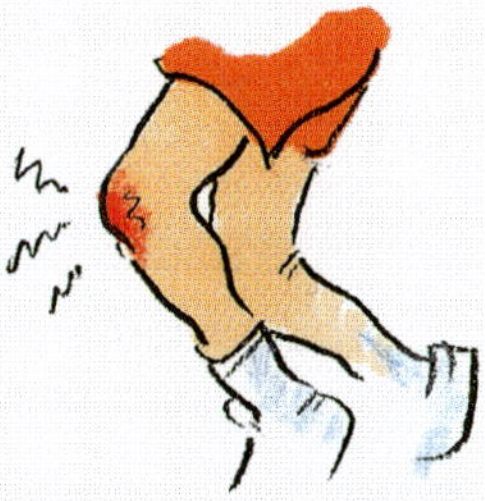

leg das Bein
I have two legs. Queenie has four legs.
Ich habe zwei Beine. Queenie hat vier Beine.

to look aussehen
Max looks dirty.
Max sieht schmutzig aus.

medicine
die Medizin, das Medikament
The doctor has lots of medicine in her bag.
Die Ärztin hat eine Menge Medikamente in ihrer Tasche.

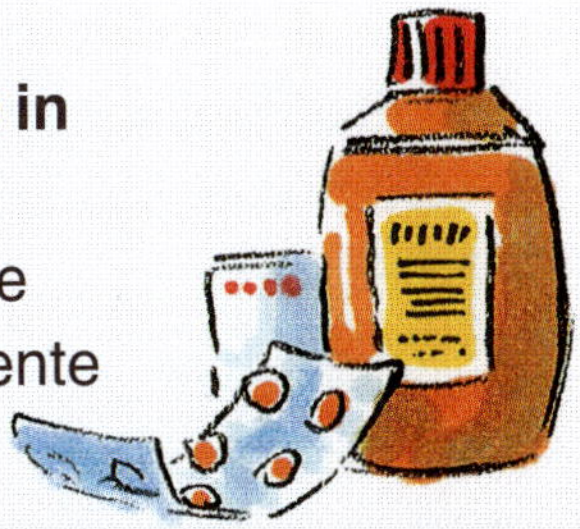

mirror der Spiegel
What can Max see in the mirror?
Was kann Max im Spiegel sehen?

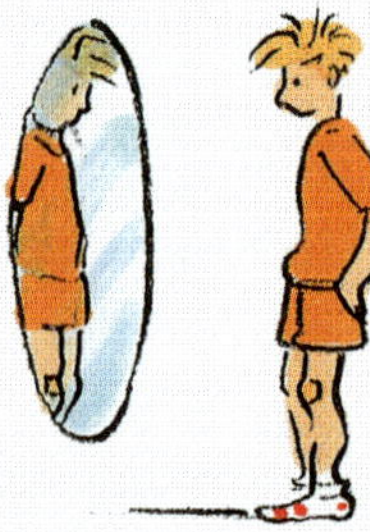

---

moustache der Schnurrbart
Does your dad have a moustache?
Hat dein Papa einen Schnurrbart?

---

mouth der Mund
The baby can put his foot into his mouth.
Das Baby kann seinen Fuß in den Mund nehmen.

---

neck der Hals
Giraffes have very, very long necks.
Giraffen haben einen sehr sehr langen Hals.

---

nose die Nase
I have a red nose.
Ich habe eine rote Nase.

ouch! autsch!
Ouch! Mia has hurt her toe.
Autsch! Mia hat sich am Zeh wehgetan.

---

plaster das Pflaster
Max has a plaster on his knee.
Max hat ein Pflaster am Knie.

---

to scratch kratzen
Queenie is scratching her ear.
Queenie kratzt sich am Ohr.

---

to see sehen
Mia didn't see Queenie's bone.
Mia hat Queenies Knochen nicht gesehen.

---

shoulder die Schulter
Winston is sitting on Aunt Lizzie's shoulder.
Winston sitzt auf Tante Lizzies Schulter.

to sneeze niesen

I have to sneeze a lot today. Aatchoo!
Ich muss heute viel niesen. Hatschi!

---

sore throat die Halsschmerzen

I have a sore throat.
Ich habe Halsschmerzen.

---

straight glatt, gerade
Rita has very straight hair.
Rita hat sehr glatte Haare.

---

to talk sprechen

I can't talk today.
Ich kann heute nicht sprechen.

---

thumb der Daumen

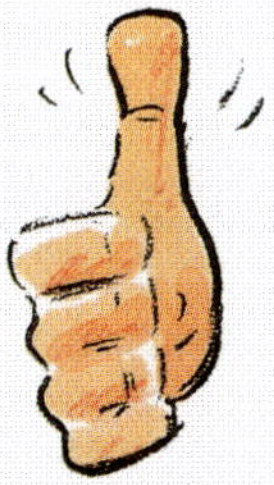

The baby sleeps with his thumb in his mouth.
Das Baby schläft mit dem Daumen im Mund.

toe der Zeh

How many toes do you have?
Wie viele Zehen hast du?

---

toothache die Zahnschmerzen
Brush your teeth every day, then you won't have toothache.
Putz deine Zähne jeden Tag, dann bekommst du keine Zahnschmerzen.

---

tummy der Bauch

Queenie likes having her tummy scratched.
Queenie lässt sich gern am Bauch kratzen.

---

to wash sich waschen

Feelings

to cry

sad

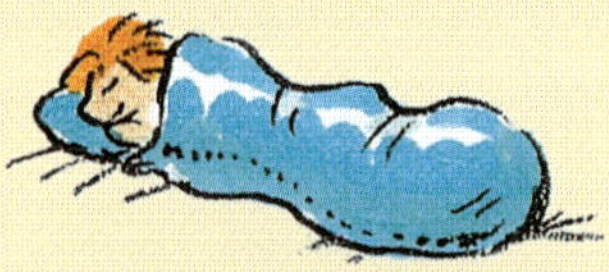

sleeping bag

tent

to laugh

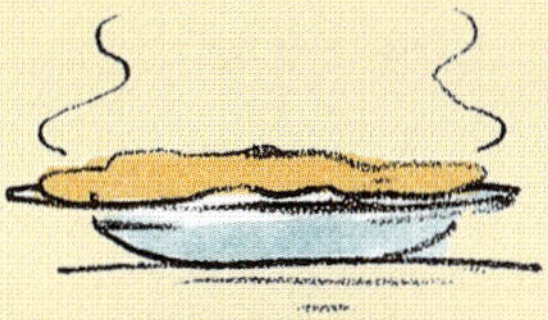
pancake

to smile

to love

dentist

to hide

to agree zustimmen
I agree with you.
Ich stimme dir zu.

---

angry wütend
Lady Slow is angry because Buttercup has eaten her lunch.
Lady Slow ist wütend, weil Buttercup ihr Mittagessen aufgefressen hat.

---

to be afraid of Angst haben vor
The mouse is not afraid of the cat.
Die Maus hat keine Angst vor der Katze.

---

beautiful schön
Buttercup has beautiful, big, black eyes.
Buttercup hat schöne, große, schwarze Augen.

---

to believe glauben
Do you believe in monsters?
Glaubst du an Monster?

to be scared of Angst haben vor
I'm scared of the dentist.
Ich habe Angst vor dem Zahnarzt.

---

to be sorry leidtun
Oh, I'm very sorry.
Oh, es tut mir sehr leid.

---

better besser
I feel better now.
Mir geht's jetzt besser.

---

bicycle das Fahrrad
Mum loves riding her bicycle.
Mama liebt es, mit dem Fahrrad zu fahren.

---

bike das Fahrrad
Mia has a shiny red bike.
Mia hat ein glänzendes rotes Fahrrad.

boring langweilig
Playing hide and seek with Lady Slow is really boring.
Mit Lady Slow Verstecken zu spielen ist sehr langweilig.

---

clever schlau, klug
My dog, Queenie, is very clever.
Mein Hund, Queenie, ist sehr schlau.

---

to cry weinen
The baby is crying.
Das Baby weint.

---

dentist der Zahnarzt, die Zahnärztin
I don't like the dentist.
Ich mag den Zahnarzt nicht.

---

early früh
I don't want to get up so early.
Ich will nicht so früh aufstehen.

excellent hervorragend, ausgezeichnet
Grandma makes excellent pancakes.
Oma macht ausgezeichnete Pfannkuchen.

---

famous berühmt
Papa flies famous people around the world.
Berühmte Leute fliegen mit Papa um die Welt.

---

friendly freundlich
Mum says that the dentist is friendly.
Mama sagt, dass der Zahnarzt freundlich ist.

---

fun der Spaß
It's fun to sleep in a tent.
Es macht Spaß, in einem Zelt zu schlafen.

---

happy glücklich
Buttercup is happy.
Buttercup ist glücklich.

to hate hassen
Mum hates washing the dishes.
Mama hasst Abspülen.

---

helicopter der Hubschrauber
Dad's friend is a helicopter pilot.
Papas Freund ist Hubschrauberpilot.

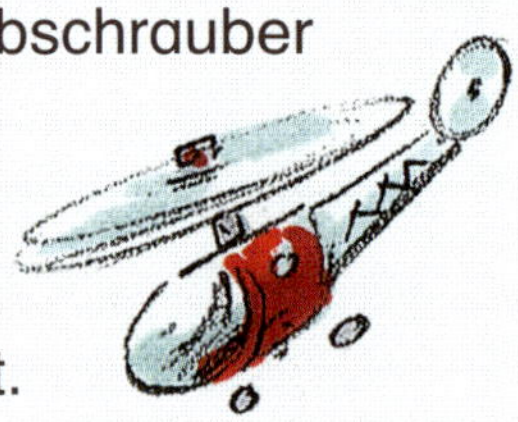

---

to hide sich verstecken
Lady Slow is hiding.
Lady Slow versteckt sich.

---

hide and seek Verstecken
It's no fun playing hide and seek with a tortoise.
Es macht keinen Spaß, mit einer Schildkröte Verstecken zu spielen.

---

horrible schrecklich, grauenhaft
The baby thinks vegetables taste horrible.
Das Baby findet, dass Gemüse grauenhaft schmeckt.

to hug umarmen
I'm hugging Queenie.
Ich umarme Queenie.

---

hungry hungrig
Queenie is very hungry.
Queenie ist sehr hungrig.

---

interesting interessant
Max thinks spiders are very interesting.
Max findet Spinnen sehr interessant.

---

joke der Witz
Max is telling Dad a joke.
Max erzählt Papa einen Witz.

---

late spät
It's very late.
Mia is tired.
Es ist sehr spät.
Mia ist müde.

to laugh lachen

Dad is laughing at Max's joke.
Papa lacht über Max' Witz.

library die Bücherei, die Bibliothek

Mum likes going to the library.
Mama geht gern zur Bücherei.

to like mögen

Do you like pancakes?
Magst du Pfannkuchen?

to love lieben

Max loves pancakes.
Max liebt Pfannkuchen.

lovely schön

What a lovely day, thinks Buttercup.
Was für ein schöner Tag, denkt Buttercup.

noisy laut

The helicopter is very noisy.
Der Hubschrauber ist sehr laut.

to not feel well
sich unwohl fühlen

Max doesn't feel well.
Max fühlt sich unwohl.

nothing nichts

There's nothing in the box.
In der Schachtel ist nichts.

pancake der Pfannkuchen

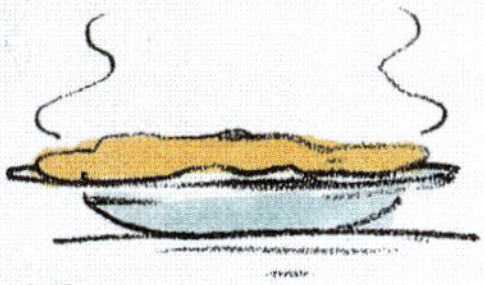

Max has eaten fifteen pancakes.
Max hat fünfzehn Pfannkuchen gegessen.

sad traurig

The baby is sad because Winston doesn't want to play with him.
Das Baby ist traurig, weil Winston nicht mit ihm spielen will.

sleeping bag der Schlafsack
Max and Mia like sleeping in sleeping bags.
Max und Mia schlafen gern im Schlafsack.

---

to smell riechen
Don't the roses smell lovely?
Riechen die Rosen nicht gut?

---

smell der Geruch
What's that horrible smell?
Was ist das für ein schrecklicher Geruch?

---

to smile lächeln
Aunt Lizzie is smiling at the baby. Winston is not smiling.
Tante Lizzie lächelt das Baby an. Winston lächelt nicht.

something etwas
Winston thinks there is something hiding in the box.
Winston glaubt, dass etwas in der Schachtel versteckt ist.

---

to taste schmecken
Buttercup thinks that Lady Slow's lunch tastes lovely.
Buttercup findet, dass Lady Slows Mittagessen prima schmeckt.

---

to tell erzählen
Tell me a joke.
Erzähl mir einen Witz.

---

tent das Zelt
It's no fun sleeping in a tent in the rain.
Es macht keinen Spaß, bei Regen in einem Zelt zu schlafen.

thing das Ding
I don't like that thing.
Das Ding mag ich nicht.

thirsty durstig
We are thirsty after our long walk.
Wir sind durstig nach unserem langen Spaziergang.

tired müde
Mia is tired. She wants to go to sleep.
Mia ist müde. Sie will schlafen.

too many zu viele
Max has eaten too many pancakes.
Max hat zu viele Pfannkuchen gegessen.

very much sehr
The baby likes Winston very much.
Das Baby mag Winston sehr.

to want wollen
The baby wants to play with Winston.
Das Baby will mit Winston spielen.

to wash the dishes abspülen
Someone must wash the dishes.
Jemand muss das Geschirr abspülen.

Clothes

sock

wardrobe

gloves

trainers

scarf

jumper

boots

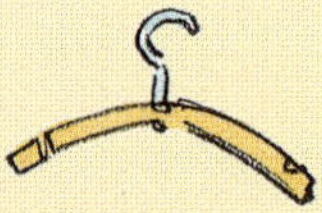

clothes hanger

tie

watch

pyjamas

trousers

button

slipper

necklace

belt

shoe

bag die Tasche
Where is my bag?
Wo ist meine Tasche?

baseball der Baseball
Max puts on his cap when he plays baseball.
Max setzt beim Baseballspielen seine Mütze auf.

belt der Gürtel
My belt holds up my trousers.
Mein Gürtel hält meine Hose.

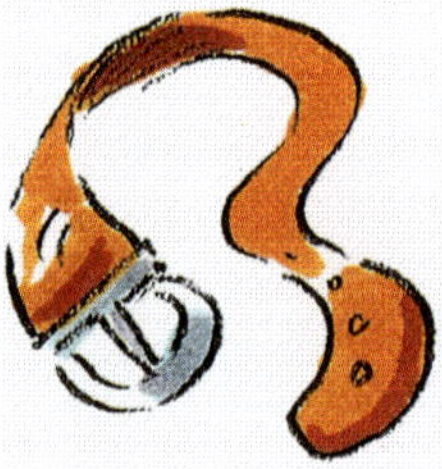

blanket die Decke
Queenie has a blanket in her bed.
Queenie hat eine Decke in ihrem Bett.

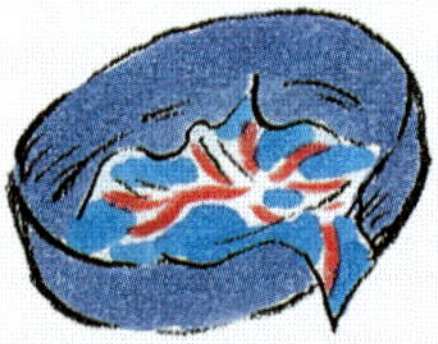

blouse die Bluse
I always wear a white blouse to school.
Ich trage immer eine weiße Bluse zur Schule.

boots die Stiefel
I like to wear boots in the rain.
Bei Regen trage ich gerne Stiefel.

bracelet das Armband
Grandma gave me this bracelet for my birthday.
Oma hat mir dieses Armband zu meinem Geburtstag geschenkt.

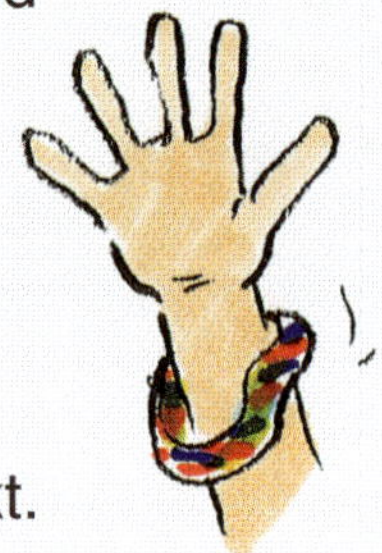

to bring bringen
Queenie, bring me my slipper!
Queenie, bring mir meinen Hausschuh!

button der Knopf
How many gold buttons are on my coat?
Wie viele goldene Knöpfe sind an meinem Mantel?

cap die Mütze
Max has his baseball cap on his head.
Max hat seine Baseballmütze auf dem Kopf.

clothes die Kleidung
I have lots of clothes.
Ich habe viele Kleidungsstücke.

clothes hanger der Kleiderbügel
My winter coat is hanging on a clothes hanger.
Mein Wintermantel hängt auf einem Kleiderbügel.

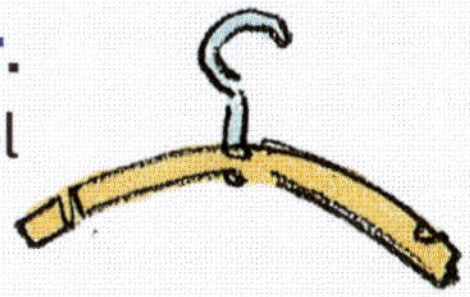

coat der Mantel
I wear my coat to school in winter.
Im Winter trage ich meinen Mantel zur Schule.

dress das Kleid
Grandma has lots of lovely dresses.
Oma hat viele schöne Kleider.

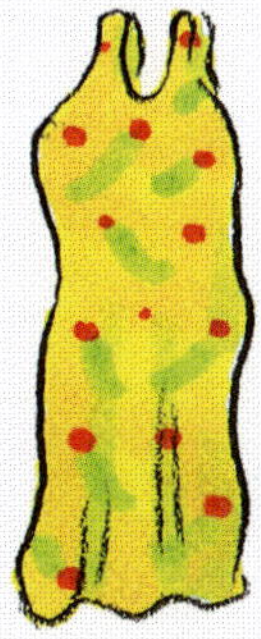

dressing gown der Bademantel, der Morgenmantel
My dressing gown is lovely and warm.
Mein Morgenmantel ist kuschelig warm.

everywhere überall
My clothes are everywhere.
Meine Kleider sind überall.

gloves die Handschuhe
Gloves keep my hands warm in winter.
Im Winter halten Handschuhe meine Hände warm.

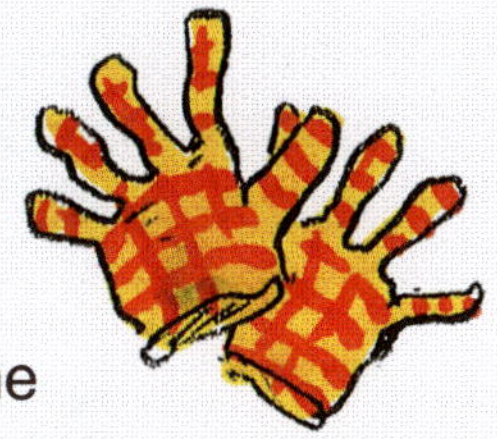

to hang hängen
My jacket is hanging on the wardrobe door.
Meine Jacke hängt an der Kleiderschranktür.

hat der Hut
Mum's hat keeps the sun out of her eyes.
Mamas Hut schützt ihre Augen vor der Sonne.

---

hole das Loch
There's a hole in my sock. I can see my toe.
In meiner Socke ist ein Loch. Ich kann meinen Zeh sehen.

---

jacket die Jacke
Queenie is wearing her favourite jacket.
Queenie trägt ihre Lieblingsjacke.

---

jeans die Jeans
Mia is wearing jeans today.
Heute trägt Mia ihre Jeans.

---

jumper der Pullover
Grandma made Mia's jumper.
Oma hat Mias Pullover gestrickt.

to lose verlieren
I'm always losing my socks.
Ich verliere immer meine Socken.

---

mess die Unordnung
My room is in a mess.
In meinem Zimmer herrscht Unordnung.

---

necklace die Halskette
Grandma gave me this necklace too.
Oma hat mir auch diese Halskette geschenkt.

---

pair das Paar
Why can't I find a pair of socks?
Warum kann ich kein Paar Socken finden?

---

pocket die Hosentasche
What is in Max's pocket?
Was ist in Max' Hosentasche?

problem das Problem
I've got a problem. I can't find my sock.
Ich habe ein Problem. Ich kann meine Socke nicht finden.

---

pyjamas der Schlafanzug

I wear my pyjamas in bed.
Im Bett trage ich einen Schlafanzug.

---

rucksack (BE) der Rucksack
I sometimes take my rucksack to school.
Manchmal nehme ich meinen Rucksack mit in die Schule.

---

sandal die Sandale
It's nice to wear sandals in the summer.
Es ist schön, im Sommer Sandalen zu tragen.

scarf der Schal
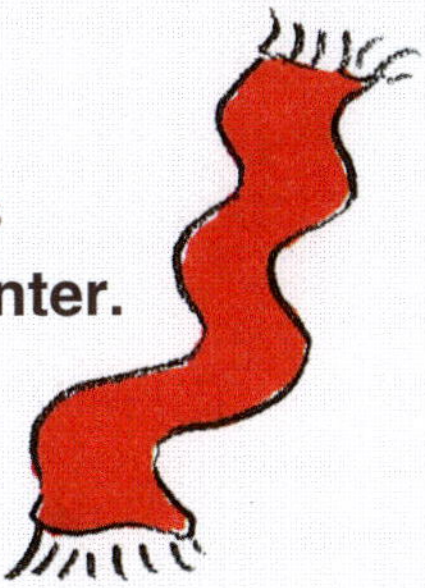
My long scarf keeps my neck warm in winter.
Im Winter hält mein langer Schal meinen Hals warm.

---

shall soll
What shall I wear today?
Was soll ich heute anziehen?

---

shirt das Hemd

Dad has a shirt under his jacket.
Papa trägt ein Hemd unter seinem Jackett.

---

shoe der Schuh

Our shoes are downstairs in the hall.
Unsere Schuhe sind unten im Flur.

---

shorts die Shorts, kurze Hose
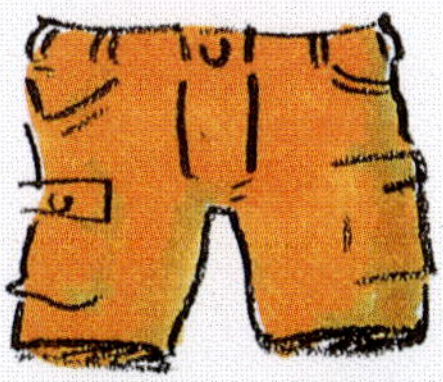
There's mud on Max's shorts.
Max' kurze Hosen sind schmutzig.

skirt der Rock
I don't like my school skirt.
Ich mag meinen Schulrock nicht.

---

slipper der Hausschuh
Queenie loves my slippers.
Queenie liebt meine Hausschuhe.

---

sock die Socke
Where's my sock?
Wo ist meine Socke?

---

to steal stehlen
Who stole my slippers?
Wer hat meine Hausschuhe gestohlen?

---

stripy gestreift
Where is my stripy sock?
Wo ist meine gestreifte Socke?

to tidy up aufräumen
Penny, please tidy up your room.
Penny, bitte räum dein Zimmer auf.

---

tie die Krawatte
Do you like Dad's tie?
Magst du Papas Krawatte?

---

tights (BE) die Strumpfhose
I wear tights under my skirt.
Ich trage Strumpfhosen unter meinem Rock.

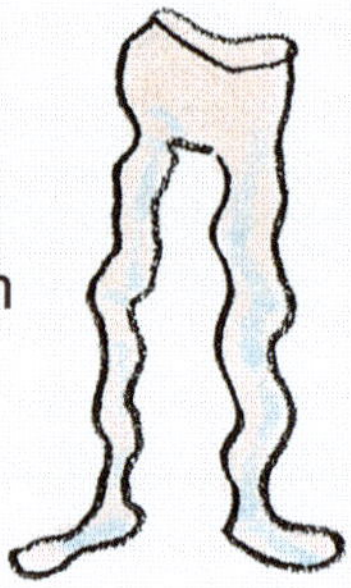

---

trainers die Turnschuhe
Max can run very fast in his new trainers.
In seinen neuen Turnschuhen kann Max sehr schnell laufen.

trousers (BE) die Hose

Max's school trousers are always dirty.
Max' Schulhose ist immer schmutzig.

to try on anprobieren
Mum and I like to try on new hats.
Mama und ich probieren gern neue Hüte an.

T-shirt das T-Shirt

We wear T-shirts when we do sports.
Beim Sport tragen wir T-Shirts.

underwear die Unterwäsche

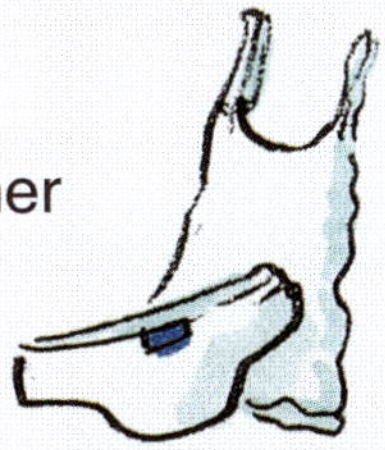

I'm cold in my underwear.
Mir ist kalt in meiner Unterwäsche.

wardrobe der Kleiderschrank

There are lots of clothes in my wardrobe.
Es sind viele Kleidungsstücke in meinem Schrank.

watch die Armbanduhr

Mia got a new watch for her birthday.
Mia hat eine neue Armbanduhr zu ihrem Geburtstag bekommen.

to wear tragen
I don't know what to wear today.
Ich weiß nicht, was ich heute anziehen soll.

My day

clock

teeth

king

moon

queen

star

to sleep

to get up

dinner

crown

toast

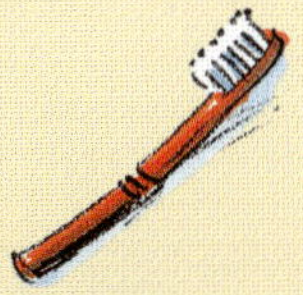

toothbrush

toothpaste

after nach
I do my homework after school.
Nach der Schule mache ich meine Hausaufgaben.

---

afternoon der Nachmittag
In England we always have school in the afternoons.
In England haben wir immer nachmittags Schule.

---

always immer
I always read in bed.
Ich lese immer im Bett.

---

before vor
I usually do my homework before dinner.
Normalerweise mache ich meine Hausaufgaben vor dem Abendessen.

to begin anfangen
We begin school at quarter to nine.
Bei uns fängt die Schule um Viertel vor neun an.

---

breakfast das Frühstück
Queenie always eats her breakfast under the kitchen table.
Queenie isst ihr Frühstück immer unter dem Tisch.

---

to brush one's teeth
sich die Zähne putzen
Don't forget to brush your teeth after breakfast.
Vergiss nicht, deine Zähne nach dem Frühstück zu putzen.

---

bye tschüs

clock die Uhr
The clock in the hall is broken.
Die Uhr im Flur ist kaputt.

---

to come kommen
Dad is coming home from work.
Papa kommt gerade von der Arbeit zurück.

---

crown die Krone
Can you see the golden crown?
Siehst du die goldene Krone?

---

dark dunkel
In winter it's dark at five o'clock in the afternoon.
Im Winter ist es um fünf Uhr nachmittags dunkel.

---

day der Tag
Saturday is my favourite day of the week.
Samstag ist mein Lieblingstag.

dinner das Abendessen
We have dinner at six o'clock in the evening.
Das Abendessen gibt es bei uns um sechs Uhr abends.

---

to do machen
I don't like doing my homework.
Ich mache nicht gerne Hausaufgaben.

---

evening der Abend
There's a good film on TV this evening.
Heute Abend kommt ein toller Film im Fernsehen.

---

to get up aufstehen
I get up at seven thirty in the morning.
Ich stehe morgens um sieben Uhr dreißig auf.

goodbye auf Wiedersehen

good morning guten Morgen

good night gute Nacht

to have breakfast frühstücken

We have breakfast at the kitchen table.
Wir frühstücken am Küchentisch.

to have a shower duschen

I sometimes have a shower in the evening.
Manchmal dusche ich abends.

homework die Hausaufgaben

Mum sometimes helps me with my homework.
Mama hilft mir manchmal bei den Hausaufgaben.

hour die Stunde

There are twenty-four hours in a day.
Ein Tag hat 24 Stunden.

king der König

I'm reading a book about a king and a queen.
Ich lese ein Buch über einen König und eine Königin.

lunch das Mittagessen
I take sandwiches to school for lunch.
Ich nehme mir Brote zum Mittagessen in die Schule mit.

lunch break die Mittagspause
We go out into the playground in the lunch break.
In der Mittagspause gehen wir raus auf den Schulhof.

midnight Mitternacht
Ghosts come out to play at midnight.
Gespenster kommen um Mitternacht zum Spielen heraus.

minute die Minute
There are sixty minutes in an hour.
Eine Stunde hat 60 Minuten.

moon der Mond
Queenie always barks at the full moon.
Queenie bellt immer den Vollmond an.

morning der Morgen, der Vormittag
We have a fifteen minute break at school in the morning.
Wir haben eine fünfzehnminütige Pause morgens in der Schule.

night die Nacht
Bats and owls fly at night.
Fledermäuse und Eulen fliegen in der Nacht.

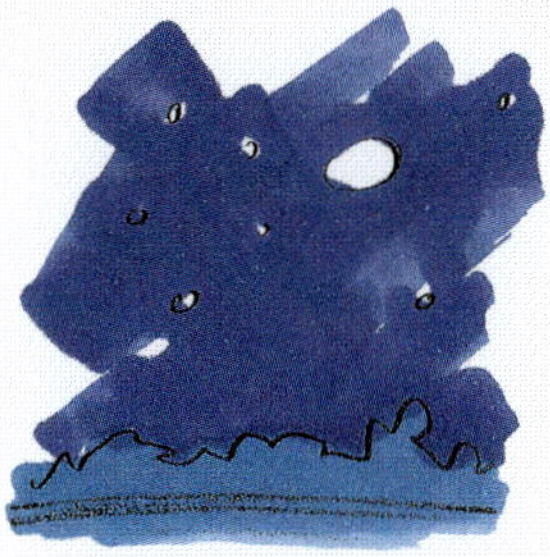

queen die Königin
In my book, the queen has lost her crown.
In meinem Buch hat die Königin ihre Krone verloren.

star der Stern
How many stars can you see?
Wie viele Sterne kannst du sehen?

---

time die Zeit
What time do you begin school?
Zu welcher Zeit fängt bei dir die Schule an?

---

tired müde
Mum is very tired this morning.
Mama ist heute Morgen sehr müde.

---

to sleep schlafen
Max watched a monster film. Now he can't sleep.
Max schaute einen Gruselfilm an. Jetzt kann er nicht schlafen.

---

teeth die Zähne
Grandpa has no teeth.
Opa hat keine Zähne.

toast der Toast
Today I'm having toast for breakfast.
Heute esse ich Toast zum Frühstück.

---

tonight heute Abend
There's a full moon tonight.
Heute Abend ist Vollmond.

---

tooth der Zahn
The baby has one tooth.
Das Baby hat einen Zahn.

---

toothbrush die Zahnbürste
What colour is your toothbrush?
Welche Farbe hat deine Zahnbürste?

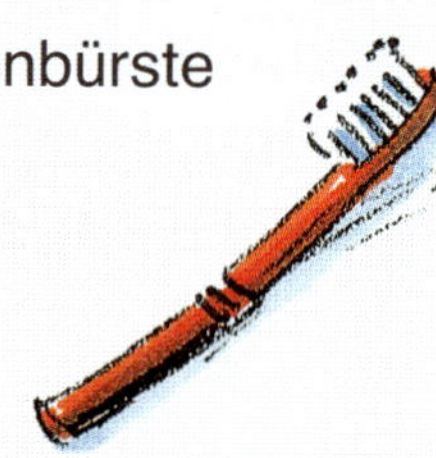

---

toothpaste die Zahnpasta
Where's the toothpaste?
Wo ist die Zahnpasta?

usually gewöhnlich, normalerweise
I usually drink a cup of tea in the morning.
Normalerweise trinke ich morgens eine Tasse Tee.

---

to wake up aufwecken, aufwachen
Queenie always wakes me up at the weekend.
Am Wochenende weckt mich Queenie immer auf.

---

walk der Spaziergang
I always go for a walk with Queenie in the afternoon.
Nachmittags gehe ich immer mit Queenie spazieren.

to walk zu Fuß gehen
I usually walk to school.
Ich gehe gewöhnlich zu Fuß zur Schule.

---

to watch TV fernsehen
We like to watch TV after dinner.
Nach dem Abendessen sehen wir gerne fern.

---

with mit
I walk to school with Holly and Jake.
Ich gehe mit Holly und Jake zur Schule.

Time	Uhrzeit
What's the time?	Wie viel Uhr ist es?
It's 9 o'clock.	Es ist 9 Uhr.
half an hour	halbe Stunde
half (past) nine	halb zehn
quarter past nine	Viertel nach neun
quarter to nine	Viertel vor neun

At school

book

bell

paintbrush

pencil sharpener

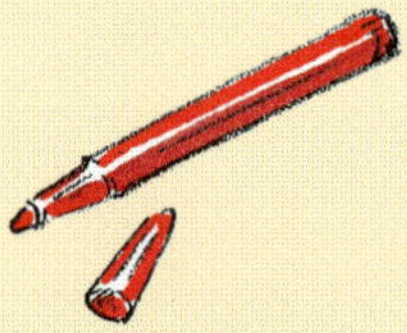

felt tip pen

glue

pencil case

calculator

pen

scissors

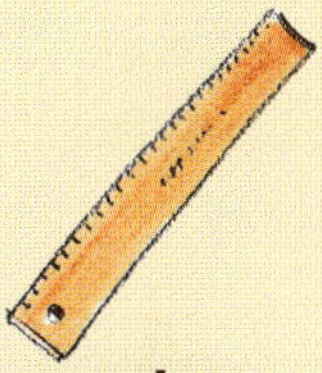

ruler

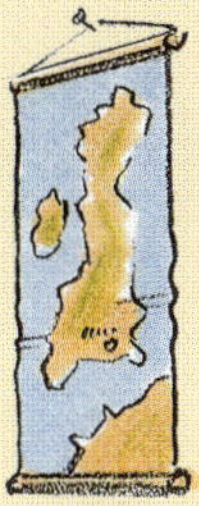

map

cage

hamster

globe

dictionary

pencil

alphabet das Alphabet

The alphabet begins with A.

Das Alphabet fängt mit A an.

answer die Antwort

Rita knows the answer.

Rita weiß die Antwort.

art Kunst

We have art this afternoon.

Heute Nachmittag haben wir Kunst.

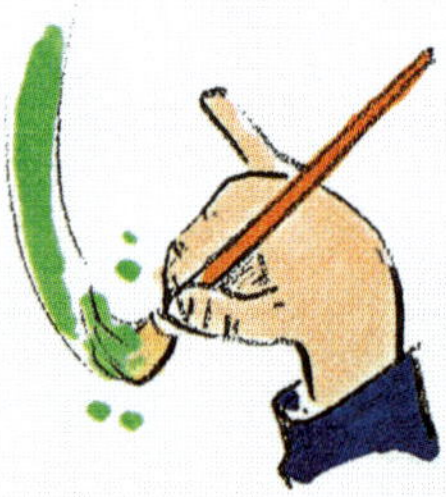

to ask fragen

Ask me a question.

Frag mich was.

bell die Glocke

The bell is next to the clock.

Die Glocke ist neben der Uhr.

blackboard die Tafel

Mrs Wise is writing on the blackboard with chalk.

Frau Wise schreibt mit Kreide an die Tafel.

book das Buch

The children's books are on their desks.

Die Bücher der Kinder sind auf ihren Schreibtischen.

bookcase das Bücherregal

There are lots of books in the bookcase.

Im Bücherregal sind eine Menge Bücher.

break die Pause

We have a fifteen minute break in the morning.

Wir haben morgens eine fünfzehnminütige Pause.

cage der Käfig

Furball's cage is next to the window.

Furballs Käfig steht neben dem Fenster.

to cut schneiden

It's easy to cut paper with scissors.

Es ist einfach, Papier mit einer Schere zu schneiden.

calculator der Taschenrechner

Jake has a calculator in his bag.

Jake hat einen Taschenrechner in seiner Tasche.

dictionary das Lexikon, das Wörterbuch

Do you have a dictionary?

Hast du ein Wörterbuch?

can können

Can I have your ruler, please? Yes, you can.

Kann ich bitte dein Lineal haben? Ja.

favourite Lieblings-

My favourite lesson is art.

Meine Lieblingsstunde ist Kunst.

chalk die Kreide

The chalk is white.

Die Kreide ist weiß.

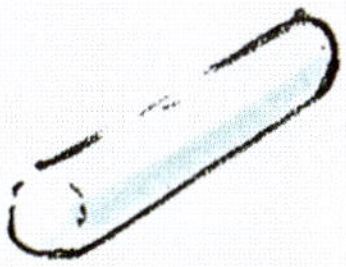

felt tip pen der Filzstift

Rita has lots of felt tip pens.

Rita hat viele Filzstifte.

classroom das Klassenzimmer

This is my classroom.

Dies ist mein Klassenzimmer.

French Französisch

In England we learn French at school.

In England lernen wir Französisch in der Schule.

geography Erdkunde
I like our geography lessons too.
Ich mag auch unsere Erdkundestunden.

globe der Globus
I can see the USA on the globe.
Auf dem Globus kann ich die USA sehen.

glue der Klebstoff
The glue is next to the scissors.
Der Klebstoff ist neben der Schere.

Great Britain Großbritannien
Can you see Great Britain on the map?
Kannst du Großbritannien auf der Karte sehen?

to guess erraten
Can you guess the answer?
Kannst du die Antwort erraten?

hamster der Hamster
The school hamster is called Furball.
Der Schulhamster heißt Furball.

help helfen
Can you help me, please?
Kannst du mir bitte helfen?

history Geschichte
We are learning about Kings and Queens in history.
In Geschichte lernen wir etwas über Könige und Königinnen.

to know wissen, kennen
Rita knows the answer.
Rita weiß die Antwort.

language die Sprache
How many languages can you speak?
Wie viele Sprachen sprichst du?

---

to learn lernen
Do you learn English at school?
Lernst du Englisch in der Schule?

---

lesson die Unterrichtsstunde
Jake's favourite lesson is sport.
Jakes Lieblingsstunde ist Sport.

---

letter der Buchstabe
A is the first letter of the alphabet.
A ist der erste Buchstabe des Alphabets.

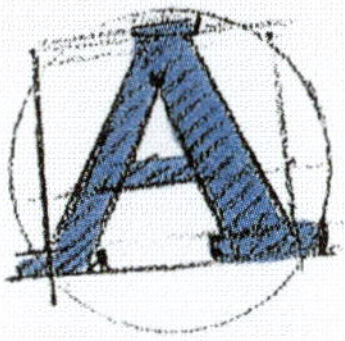

---

to make machen
Rita didn't make any mistakes in her maths test.
Rita hat keine Fehler in ihrer Mathearbeit gemacht.

map die Landkarte
The map is on the wall between the windows.
Die Landkarte hängt an der Wand zwischen den Fenstern.

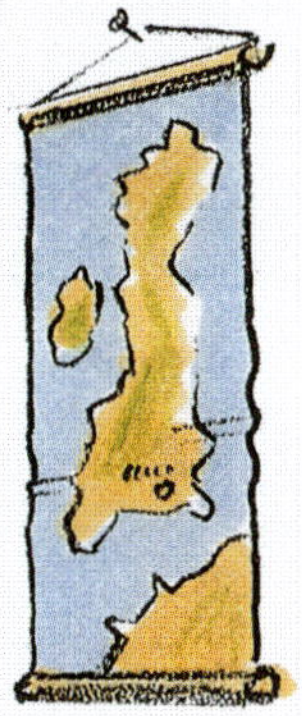

---

maths (BE) Mathematik
I don't like maths.
Ich mag Mathematik nicht.

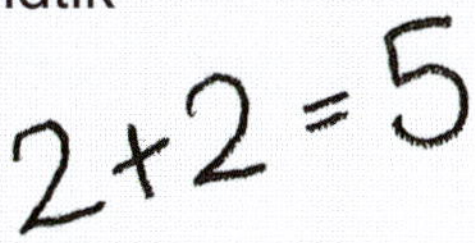

---

mistake der Fehler
Jake made a lot of mistakes in his maths test.
Jake hat viele Fehler in seiner Mathearbeit gemacht.

---

page die Seite
What page are we on?
Auf welcher Seite sind wir?

---

to paint malen
We do lots of painting in the art lesson.
Wir malen viel in der Kunststunde.

paintbrush der Pinsel

The paintbrushes are next to Furball's cage.

Die Pinsel sind neben Furballs Käfig.

paper das Papier

We need lots of paper at school.

In der Schule brauchen wir viel Papier.

pen der Stift

Holly is writing with her pen in her book.

Holly schreibt mit einem Stift in ihr Buch.

pencil der Bleistift

The pencil is under the desk.

Der Bleistift ist unter dem Schreibtisch.

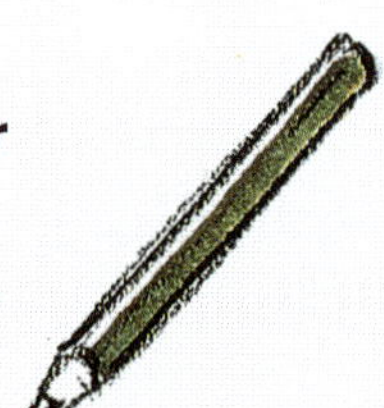

pencil case das Mäppchen

Rita has lots of pencils in her pencil case.

Rita hat viele Stifte in ihrem Mäppchen.

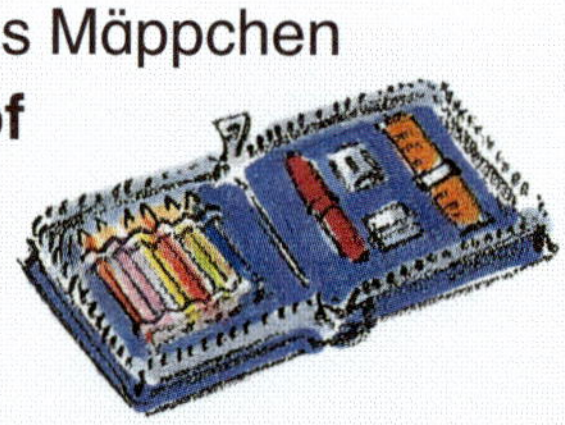

pencil sharpener
der Bleistiftspitzer

My pencil's broken. Do you have a pencil sharpener?

Mein Bleistift ist abgebrochen. Hast du einen Spitzer?

pupil
der Schüler, die Schülerin

How many pupils are in your class?

Wie viele Schüler sind in deiner Klasse?

question die Frage

Jake is asking Penny a question.

Jake stellt Penny eine Frage.

to ring klingeln

The bell rings when it's time for lunch.

Wenn es Zeit fürs Mittagessen ist, klingelt die Glocke.

rubber (BE) der Radiergummi

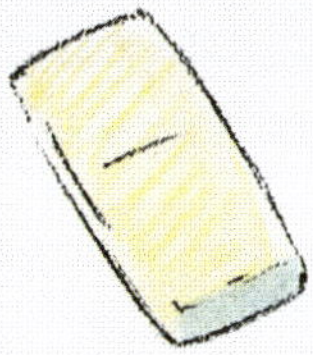

Where is my rubber?
Wo ist mein Radiergummi?

ruler das Lineal

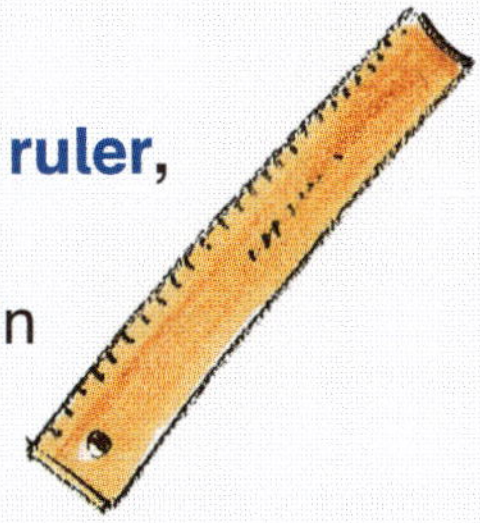

Can I have your ruler, please?
Kann ich bitte dein Lineal haben?

school die Schule

In England children start school when they are five years old.
In England kommen die Kinder mit fünf Jahren in die Schule.

school playground
der Schulhof

Sanjay is in the school playground.
Sanjay ist auf dem Schulhof.

scissors die Schere

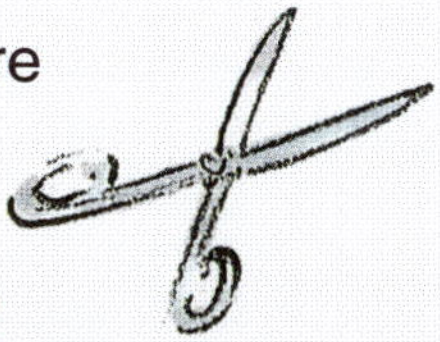

Where are the scissors?
Wo ist die Schere?

to sit down sich hinsetzen

Sit down, please.
Setz dich, bitte.

subject das Fach

What's your favourite school subject?
Was ist dein Lieblingsfach?

to take nehmen

You can't take your dog to school.
Du kannst deinen Hund nicht mit zur Schule nehmen.

to teach unterrichten

Mrs Wise is teaching us maths.
Frau Wise unterrichtet Mathe.

teacher der Lehrer, die Lehrerin

Our teacher is called Mrs Wise.
Unsere Lehrerin heißt Frau Wise.

test eine Klassenarbeit
Yesterday we had an English test.
Gestern haben wir eine Englischarbeit geschrieben.

---

tick der Haken
The teacher puts a tick next to the right answers.
Die Lehrerin macht einen Haken neben die richtigen Antworten.

---

timetable
der Stundenplan
The timetable for today is on the wall.
Der Stundenplan für heute hängt an der Wand.

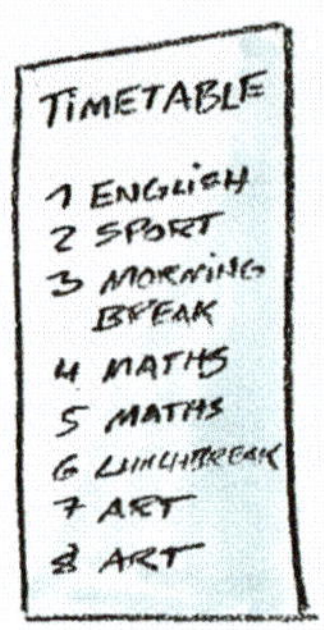

---

to use benutzen
We use the paints in the art lesson.
Wir benutzen die Farben in Kunst.

to wave winken
Can you see Sanjay waving?
Kannst du Sanjay winken sehen?

---

to whisper flüstern
Jake is whispering to me.
Jake flüstert mir zu.

---

world die Welt
You can see the world on the globe.
Du kannst die Welt auf dem Globus sehen.

---

words die Wörter
How many words are there in the dictionary?
Wie viele Wörter sind in dem Wörterbuch?

---

to write schreiben
The teacher is writing on the blackboard.
Die Lehrerin schreibt an die Tafel.

Classroom phrases	Was ihr im Klassenzimmer hört
Can I have your ruler, please?	Kann ich bitte dein Lineal haben?
I don't understand the question.	Ich verstehe die Frage nicht.
Can you say that again, please?	Können Sie das bitte noch mal sagen?
Stand up, please.	Bitte aufstehen.
Sit down, please.	Bitte hinsetzen.
Open your books at page 12.	Öffnet eure Bücher auf Seite 12.
Shut your books, please.	Bitte macht eure Bücher zu.
Pick up your pens.	Hebt eure Stifte auf.
Close the door, please.	Bitte macht die Tür zu.
Be quiet, please.	Seid bitte leise.
Write the answers in your book.	Schreibt die Antworten in euer Heft.

Hobbies and sports

goal

to ride a bike

goal keeper

tennis player

giant

guitar

dragon

to skip

piano

basketball

to ice-skate

forest

to run

to sing

football

sword

basketball der Basketball

Tortoises can't play basketball.
Schildkröten können nicht Basketball spielen.

---

busy beschäftigt

Aunt Lizzie is very busy in the kitchen.
Tante Lizzie ist in der Küche sehr beschäftigt.

---

to catch fangen

Hey, Mum. Catch the ball!
He, Mama. Fang den Ball!

---

to collect sammeln

Dad collects flags.
Papa sammelt Flaggen.

---

to cook kochen

Aunt Lizzie likes cooking.
Tante Lizzie kocht gern.

to dance tanzen

Grandma and Grandpa love to dance.
Oma und Opa tanzen leidenschaftlich gern.

---

to do the gardening im Garten arbeiten

Mum has done the gardening. Now she is tired.
Mama hat im Garten gearbeitet. Jetzt ist sie müde.

---

dragon der Drache

The dragon looks very angry.
Der Drache sieht sehr wütend aus.

---

to draw zeichnen, malen

Max and Mia are drawing in the kitchen.
Max und Mia malen in der Küche.

to eat essen

Queenie's hobby is eating.

Queenies Hobby ist Fressen.

---

fairy die Fee

Mia has drawn a fairy.

Mia hat eine Fee gemalt.

---

football der Fußball

Football is Max's favourite sport.

Max' Lieblingssport ist Fußball.

---

forest der Wald

Can you see the giant in the forest?

Siehst du den Riesen im Wald?

---

giant der Riese

Max has drawn a giant in the forest.

Max hat einen Riesen im Wald gemalt.

goal das Fußballtor

The barn door is the goal.

Das Scheunentor ist das Fußballtor.

---

goal keeper der Torwart

Max is a good goal keeper.

Max ist ein guter Torwart.

---

guitar die Gitarre

Uncle Bill can play the guitar.

Onkel Bill kann Gitarre spielen.

---

hobby das Hobby

Do you have a hobby?

Hast du ein Hobby?

---

to ice-skate Schlittschuh laufen

Buttercup can't ice-skate.

Buttercup kann nicht Schlittschuh laufen.

knight der Ritter
The knight is holding a long sword.
Der Ritter hält ein langes Schwert.

---

to like (doing something) etwas gern tun
Winston likes sleeping in front of the fire.
Winston schläft gern vor dem offenen Kamin.

---

to listen to zuhören
I like to listen to Grandma playing the piano.
Ich höre gern Oma beim Klavierspielen zu.

---

music die Musik
Do you like pop music?
Magst du Popmusik?

---

piano das Klavier
Can you play the piano?
Kannst du Klavier spielen?

to play spielen
I like playing tennis.
Ich spiele gern Tennis.

---

prince der Prinz
The prince is asleep in his castle.
Der Prinz schläft in seiner Burg.

---

princess die Prinzessin
The princess is wearing a crown.
Die Prinzessin trägt eine Krone.

---

to ride a bike Rad fahren
Mum is riding her bike to town.
Mama fährt mit dem Fahrrad in die Stadt.

---

to run laufen
Queenie is running after Mum.
Queenie läuft Mama nach.

to sing singen
Dad always sings in the shower.
Papa singt immer unter der Dusche.

to skip seilhüpfen
Mia and her friend are skipping in the school playground.
Mia und ihre Freundin hüpfen im Schulhof seil.

story die Geschichte
Mum is reading us a story.
Mama liest uns eine Geschichte vor.

sword das Schwert
Max wants a sword too.
Max will auch ein Schwert haben.

team die Mannschaft
Which is your favourite football team?
Welches ist deine Lieblingsfußballmannschaft?

tennis das Tennis
I'm playing tennis with Holly.
Ich spiele gerade mit Holly Tennis.

tennis player
der Tennisspieler
Holly is not a very good tennis player.
Holly ist keine sehr gute Tennisspielerin.

to throw werfen
Max is throwing the ball to Mum.
Max wirft Mama den Ball zu.

to whistle pfeifen
Aunt Lizzie can whistle very loudly.
Tante Lizzie kann sehr laut pfeifen.

Food and drink

apple

cheese

orange

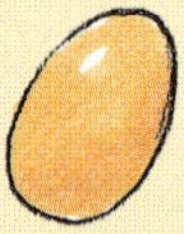

egg

grapes

lemon

chocolate

pear

crisps

banana

basket

strawberry

nut

sweet

tomato

spaghetti

apple der Apfel
Do you like green or red apples?
Magst du grüne oder rote Äpfel?

---

banana die Banane
Where are the bananas?
Wo sind die Bananen?

---

basket der Korb
What's in the basket?
Was ist in dem Korb?

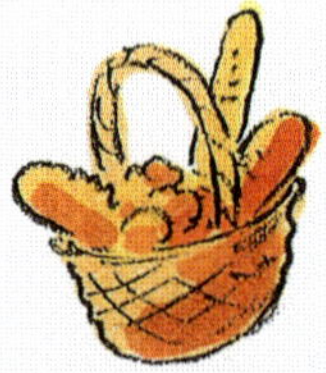

---

bean die Bohne
Max loves beans on toast.
Max liebt Bohnen auf Toast.

---

biscuit (BE) der Keks
Grandma always eats a biscuit with her cup of tea.
Oma isst immer einen Keks zu ihrer Tasse Tee.

bowl die Schüssel, die Schale
Put the fruit into the fruit bowl.
Leg das Obst in die Obstschale.

---

butter die Butter
Put the butter in the fridge.
Leg die Butter in den Kühlschrank.

---

to carry tragen
Mum is carrying the shopping bags.
Mama trägt die Einkaufstaschen.

---

cheese der Käse
Mice love cheese.
Mäuse lieben Käse.

---

chocolate die Schokolade
Where has Mum hidden the chocolate?
Wo hat Mama die Schokolade versteckt?

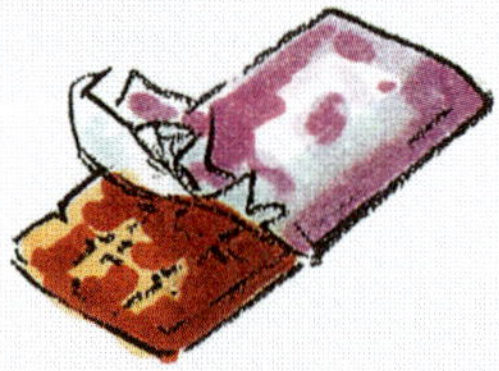

coffee der Kaffee
Dad drinks lots and lots of coffee.
Papa trinkt eine Menge Kaffee.

cream die Sahne
Winston loves cream.
Winston liebt Sahne.

crisps (BE) die Chips
We sometimes take crisps to school.
Manchmal nehmen wir Chips mit in die Schule.

cupboard der Schrank
Our cupboard is full of dog food.
Unser Schrank ist voll mit Hundefutter.

dog food Hundefutter
We need a lot of dog food.
Wir brauchen viel Hundefutter.

drink das Getränk
Do you want a drink?
Willst du was zu trinken?

to drink trinken
Grandma likes to drink tea.
Oma trinkt gerne Tee.

egg das Ei
Be careful with the eggs!
Vorsicht mit den Eiern!

flour das Mehl
Grandma needs flour to bake cakes.
Oma braucht Mehl zum Kuchenbacken.

food die Lebensmittel
Our family eats a lot of food.
Unsere Familie verbraucht eine Menge Lebensmittel.

fridge der Kühlschrank

Brrr. It's very cold inside the fridge.
Brr. Es ist sehr kalt im Kühlschrank.

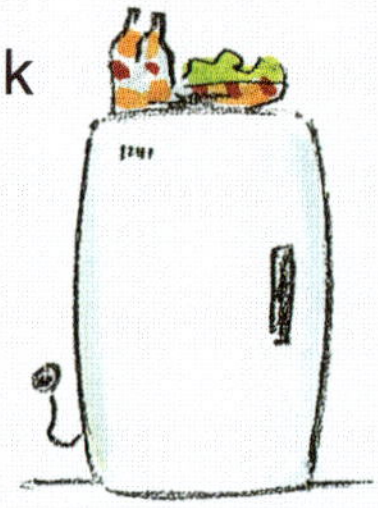

fruit das Obst

We all eat fresh fruit every day.
Wir essen alle jeden Tag frisches Obst.

grapes die Trauben

What colour are the grapes?
Welche Farbe haben die Trauben?

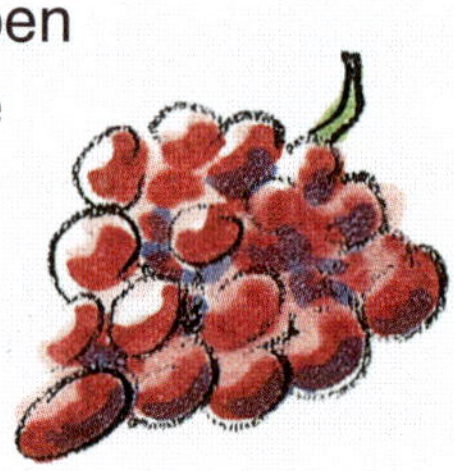

green pepper
die grüne Paprikaschote

I don't like green peppers.
Ich mag keine grüne Paprika.

heavy schwer

The shopping bags are very heavy.
Die Einkaufstaschen sind sehr schwer.

honey der Honig

I sometimes have honey on my toast.
Manchmal esse ich Honig auf meinem Toast.

hot chocolate
die heiße Schokolade

We like to drink hot chocolate before we go to bed.
Wir trinken gern heiße Schokolade, bevor wir ins Bett gehen.

jam die Marmelade

And sometimes I have jam on my toast.
Und manchmal esse ich Marmelade auf meinem Toast.

juice der Saft

The twins and I like to drink apple juice.
Die Zwillinge und ich trinken gerne Apfelsaft.

lemon die Zitrone
Grandma has a lemon tree.
Oma hat einen Zitronenbaum.

---

melon die Melone
I always get sticky when I eat melon.
Wenn ich Melone esse, werde ich immer ganz klebrig.

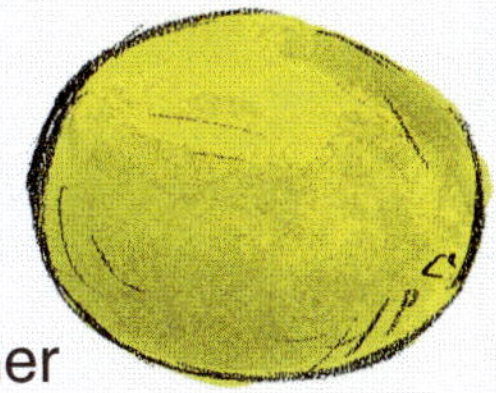

---

microwave die Mikrowelle
The microwave makes the food very hot.
Die Mikrowelle macht das Essen sehr heiß.

---

milk die Milch
The baby likes to drink milk.
Das Baby trinkt gerne Milch.

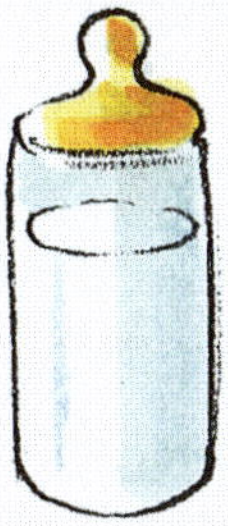

---

muesli das Müsli
Mum always eats muesli for breakfast.
Mama isst immer Müsli zum Frühstück.

nice nett
Are mice nice?
Sind Mäuse nett?

---

nut die Nuss
The squirrels in the garden love nuts.
Die Eichhörnchen im Garten lieben Nüsse.

---

orange die Orange
The oranges are in the fruit bowl.
Die Orangen sind in der Obstschale.

---

orange juice der Orangensaft
Mum drinks orange juice in the morning.
Mama trinkt morgens Orangensaft.

---

peanut butter die Erdnussbutter
Max loves peanut butter sandwiches.
Max liebt Brote mit Erdnussbutter.

pear die Birne
The pears are in the fruit bowl, too.
Die Birnen sind auch in der Obstschale.

pineapple die Ananas
It's not easy to cut a pineapple.
Es ist nicht einfach, eine Ananas zu schneiden.

pizza die Pizza
My favourite food is pizza.
Pizza ist mein Lieblingsessen.

to put away wegräumen
I'm helping Mum to put away the shopping.
Ich helfe Mama gerade den Einkauf wegzuräumen.

raspberry die Himbeere
Raspberries are Mum's favourite fruit.
Himbeeren sind Mamas Lieblingsfrüchte.

rice der Reis
I think rice is very nice.
Ich finde Reis sehr lecker.

roll das Brötchen
I sometimes take cheese rolls to school.
Manchmal nehme ich Käsebrötchen mit zur Schule.

salad der Salat
Salad is good for you.
Salat ist gut für dich.

shopping bag die Einkaufstüte
We need a lot of shopping bags for our shopping.
Wir brauchen viele Einkaufstüten für unseren Einkauf.

soup die Suppe
Mia likes tomato soup.
Mia mag Tomatensuppe.

spaghetti die Spaghetti
Eating spaghetti can be very funny.
Spaghetti essen kann sehr lustig sein.

---

strawberry die Erdbeere
I like strawberry yoghurt.
Ich mag Erdbeerjoghurt.

---

sugar der Zucker
Grandpa puts four spoons of sugar into his tea.
Opa tut vier Löffel Zucker in seinen Tee.

---

sweet (BE) das Bonbon
Too many sweets are bad for your teeth.
Zu viele Bonbons sind schlecht für die Zähne.

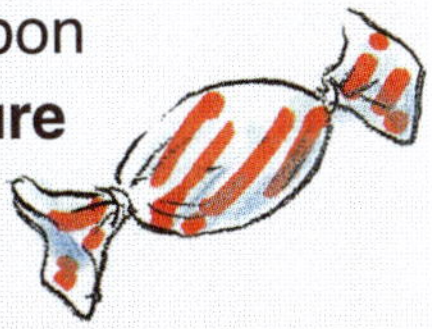

---

tea der Tee
In England people drink tea with milk.
In England trinken die Leute Tee mit Milch.

tomato die Tomate
The tomatoes are in the fridge.
Die Tomaten sind im Kühlschrank.

---

water das Wasser
How many bottles of water can you see?
Wie viele Flaschen Wasser kannst du sehen?

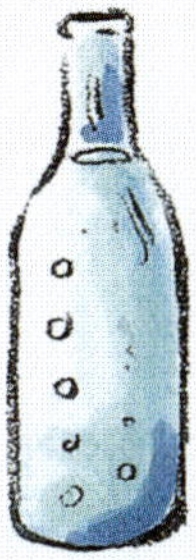

---

watermelon die Wassermelone
The big green watermelon is very heavy.
Die große grüne Wassermelone ist sehr schwer.

---

yoghurt der Joghurt
I sometimes eat yoghurt for breakfast.
Manchmal esse ich Joghurt zum Frühstück.

Shopping

shopping list

fish

tin

bottle

bread

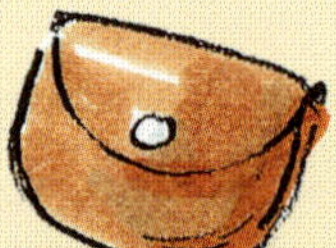

purse

trolley

newspaper

handbag

lettuce

onion

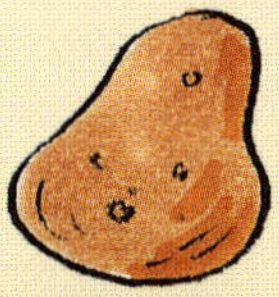

potato

cauliflower

money

bottle die Flasche

What is in the bottle?
Was ist in der Flasche?

---

bread das Brot

Mm. Yummy!
Fresh bread.
Mmm. Lecker!
Frisches Brot.

---

to buy kaufen

We need to buy a lot of food.
Wir müssen eine Menge Lebensmittel kaufen.

---

carrot die Karotte

The carrots are next to the potatoes.
Die Karotten sind neben den Kartoffeln.

---

cauliflower der Blumenkohl

Aunt Lizzie makes great cauliflower soup.
Tante Lizzie macht eine tolle Blumenkohlsuppe.

checkout
die (Supermarkt-) Kasse

Aunt Lizzie's friend works at the checkout.
Tante Lizzies Freundin arbeitet an der Kasse.

---

closed geschlossen

The supermarket is closed on Sundays.
Am Sonntag ist der Supermarkt geschlossen.

---

customer der Kunde, die Kundin

There are a lot of customers on Saturdays.
Am Samstag sind viele Kunden da.

---

entrance der Eingang

A customer is pushing a trolley through the entrance door.
Eine Kundin schiebt einen Einkaufswagen durch die Eingangstür.

fish der Fisch

fresh frisch

Fresh today!
Heute frisch!

frozen foods die Tiefkühlkost

It's cold near the frozen foods.
Es ist kalt neben der Tiefkühlkost.

fruit das Obst

Apples, bananas and grapes are fruit.
Äpfel, Bananen und Trauben sind Obst.

to go shopping
einkaufen gehen

The baby loves going shopping.
Das Baby geht gern einkaufen.

handbag die Handtasche

Aunt Lizzie's purse is in her handbag.
Tante Lizzies Geldbeutel ist in ihrer Handtasche.

how much wie viel

lettuce der Kopfsalat

Which lettuce shall we buy?
Welchen Kopfsalat sollen wir kaufen?

magazine die Zeitschrift

Aunt Lizzie likes to read magazines.
Tante Lizzie liest gerne Zeitschriften.

meat das Fleisch
Mum doesn't like meat.
Mama mag kein Fleisch.

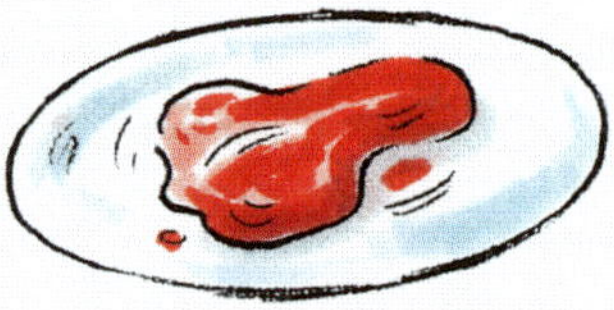

money das Geld
Aunt Lizzie's money is in her purse.
Tante Lizzies Geld ist in ihrem Geldbeutel.

to need brauchen
What do we need today?
Was brauchen wir heute?

newspaper die Zeitung
Don't forget Uncle Bill's newspaper.
Vergesst Onkel Bills Zeitung nicht!

onion die Zwiebel
Onions make me cry.
Zwiebeln bringen mich zum Weinen.

open geöffnet
The supermarket is open today.
Der Supermarkt ist heute geöffnet.

to pay zahlen
We pay for the shopping at the checkout.
Wir zahlen für den Einkauf an der Kasse.

plastic Plastik
We can get plastic bags at the checkout.
Wir können Plastiktüten an der Kasse bekommen.

potato die Kartoffel
Max loves potatoes.
Max liebt Kartoffeln.

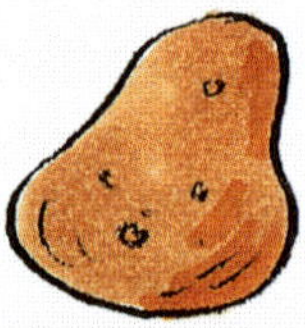

purse (BE) der Geldbeutel
Can you see Aunt Lizzie's purse?
Siehst du Tante Lizzies Geldbeutel?

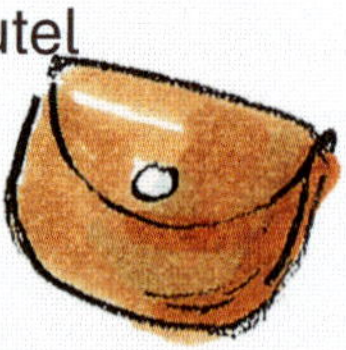

to push drücken, schieben

Aunt Lizzie is pushing the trolley.

Tante Lizzie schiebt den Einkaufswagen.

shop assistant

der Verkaufer, die Verkäuferin

The shop assistant is working at the checkout.

Die Verkäuferin arbeitet an der Kasse.

shopping list die Einkaufsliste

Where's my shopping list?

Wo ist meine Einkaufsliste?

supermarket der Supermarkt

I'm at the supermarket with Aunt Lizzie.

Ich bin mit Tante Lizzie im Supermarkt.

to think denken, glauben, meinen

I think we need lots of pizzas.

Ich glaube, wir brauchen viele Pizzas.

tin (BE) die Dose

Can you see the tins of cat food?

Kannst du die Dosen mit dem Katzenfutter sehen?

trolley (BE) der Einkaufswagen

The baby likes to sit in the trolley.

Das Baby sitzt gern im Einkaufswagen.

vegetable das Gemüse

Potatoes, carrots and cauliflower are vegetables.

Kartoffeln, Karotten und Blumenkohl sind Gemüse.

In the town

motorbike

bridge

river

bus stop

car

fountain

telephone box

letterbox

zebra crossing

ambulance

fire engine

traffic lights

market stall

bench

bus

swing

ambulance der Krankenwagen
The ambulance is going as fast as lightning.
Der Krankenwagen fährt schnell wie der Blitz.

bakery die Bäckerei
What can you buy at the bakery?
Was kann man in der Bäckerei kaufen?

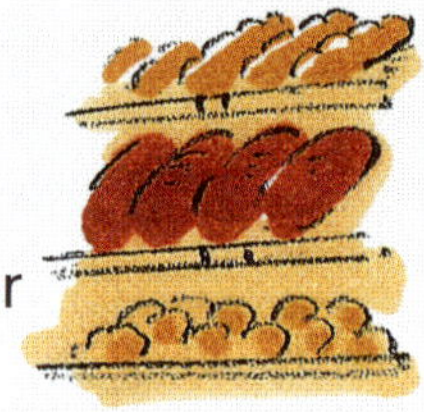

bank die Bank
Holly's dad works at the bank.
Hollys Papa arbeitet bei der Bank.

bench die Parkbank
Grandma likes to sit on the park bench.
Oma sitzt gern auf der Parkbank.

bridge die Brücke
You can walk over the river on the bridge.
Du kannst auf der Brücke über den Fluss gehen.

building das Gebäude
There are lots of big buildings in the town.
Es gibt viele große Gebäude in der Stadt.

bus der Bus
I like to sit upstairs on the bus.
Ich sitze gern oben im Bus.

bus driver der Busfahrer
The bus driver is wearing a uniform.
Der Busfahrer trägt eine Uniform.

bus stop die Bushaltestelle
There are lots of children at the bus stop.
An der Bushaltestelle sind viele Kinder.

car das Auto
We have a big, silver, family car.
Wir haben ein großes, silbernes Familienauto.

chemist's die Apotheke

You can get medicine at the chemist's.

Medizin bekommt man in der Apotheke.

church die Kirche

The church bells ring every morning.

Jeden Morgen läuten die Kirchenglocken.

cinema (BE) das Kino

Grandma and Grandpa go to the cinema every week.

Oma und Opa gehen jede Woche ins Kino.

corner die Ecke

The red telephone box is on the corner.

Die rote Telefonzelle steht an der Ecke.

to drive fahren

Dad drives to work.

Papa fährt zur Arbeit.

every jeden

The swimming pool is open every day.

Das Hallenbad hat jeden Tag geöffnet.

fire engine (BE) das Feuerwehrauto

Jake's dad drives a fire engine.

Jakes Papa fährt ein Feuerwehrauto.

fountain der Brunnen

The ducks are having a shower under the fountain.

Die Enten duschen im Brunnen.

to get on einsteigen

Lots of children are getting on the bus.

Viele Kinder steigen in den Bus ein.

hospital das Krankenhaus

The ambulance is going to the hospital.

Der Krankenwagen fährt zum Krankenhaus.

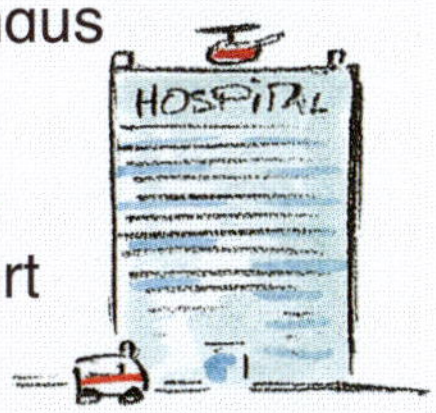

left links

We drive on the left in England.

In England fährt man auf der linken Straßenseite.

letter der Brief

I'm writing a letter to my friend in the USA.

Ich schreibe gerade einen Brief an meine Freundin in den USA.

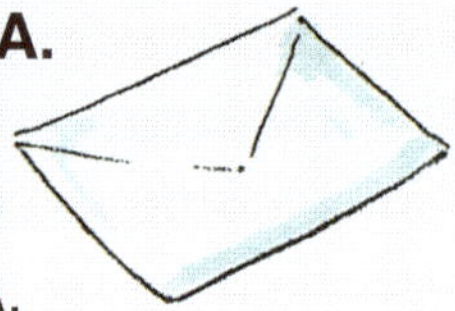

letterbox (BE) der Briefkasten

I'll put it in the letterbox tomorrow.

Ich werde ihn morgen in den Briefkasten werfen.

lorry (BE) der Lastwagen

The lorry has stopped at the zebra crossing.

Der Lastwagen hat vor dem Zebrastreifen angehalten.

market stall der Marktstand

There are two market stalls in front of the church.

Vor der Kirche sind zwei Marktstände.

motorcycle das Motorrad

The motorcycle is next to the lorry.

Das Motorrad steht neben dem Lastwagen.

museum das Museum

Where is the museum?

Wo ist das Museum?

park der Park

The playground is in the park.

Der Spielplatz ist im Park.

pavement der Bürgersteig

Please walk on the pavement, not on the street.

Bitte geh auf dem Bürgersteig und nicht auf der Straße.

petrol (BE) das Benzin

Dad's car needs a lot of petrol.

Papas Auto verbraucht viel Benzin.

---

petrol station (BE) die Tankstelle

Dad goes to the petrol station every Friday.

Papa fährt jeden Freitag zur Tankstelle.

---

playground der Spielplatz

It's fun to go to the playground.

Es macht Spaß, zum Spielplatz zu gehen.

---

police officer

der Polizist, die Polizistin

The police officers are in the police car.

Die Polizisten sind im Polizeiauto.

---

pond der Teich

Be careful! Don't fall into the duck pond.

Vorsicht! Fall nicht in den Ententeich.

post office das Postamt

The letterbox is outside the post office.

Der Briefkasten ist vor dem Postamt.

---

quiet ruhig, still, leise

Shh! Be quiet in the museum.

Pst! Sei leise im Museum.

---

restaurant das Restaurant

Grandpa and Grandma like to go to the restaurant.

Opa und Oma gehen gern ins Restaurant.

---

right rechts

---

river der Fluss

There is a bridge over the river.

Es gibt eine Brücke über den Fluss.

to sell verkaufen
Can you see the lady selling flowers?
Siehst du die Frau, die Blumen verkauft?

---

shop der Laden
Mum's favourite shop is the book shop.
Die Buchhandlung ist Mamas Lieblingsladen.

---

sign das Schild
Where is the sign to the hospital?
Wo ist das Schild zum Krankenhaus?

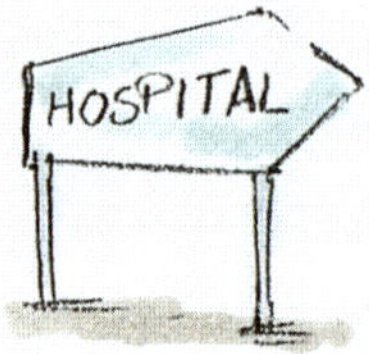

---

stamp die Briefmarke
You can buy stamps at the post office.
Briefmarken kannst du im Postamt kaufen.

---

station der Bahnhof
The trains stop at the station.
Die Züge halten am Bahnhof an.

to stop anhalten
Don't forget to stop at the zebra crossing.
Vergiss nicht, am Zebrastreifen anzuhalten.

---

street die Straße
There are lots of people in the street.
Es sind viele Menschen auf der Straße.

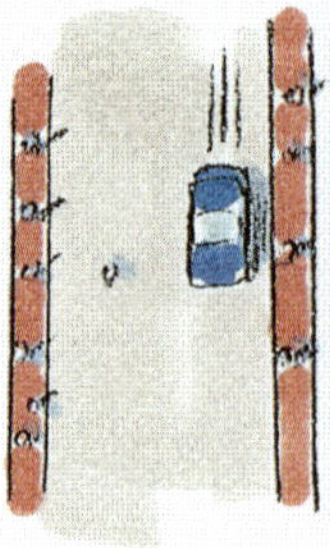

---

swimming pool
das Schwimmbad
We sometimes go to the swimming pool on Saturdays.
Manchmal gehen wir samstags ins Schwimmbad.

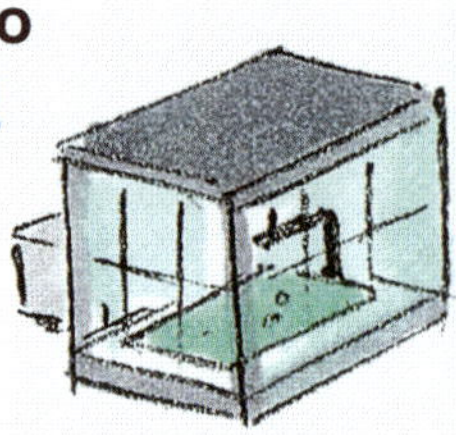

---

swing die Schaukel
Mia likes to play on the swing.
Mia schaukelt gern.

---

taxi das Taxi
The taxis are waiting in front of the station.
Die Taxis warten vor dem Bahnhof.

telephone box (BE) die Telefonzelle
There's an old man in the telephone box.
Da ist ein alter Mann in der Telefonzelle.

town die Stadt
Do you live in a town?
Wohnst du in einer Stadt?

town hall das Rathaus
Can you see the town hall clock?
Siehst du die Rathausuhr?

traffic der Verkehr
Is there a lot of traffic in your town?
Gibt es viel Verkehr in deiner Stadt?

traffic lights die Ampel
What colour are the traffic lights?
Welche Farbe zeigt die Ampel?

train der Zug
We sometimes take the train to London.
Manchmal fahren wir mit dem Zug nach London.

village das Dorf
There's a small village behind our town.
Hinter unserer Stadt ist ein kleines Dorf.

zebra crossing der Zebrastreifen
The traffic has stopped at the zebra crossing.
Der Verkehr hält vor dem Zebrastreifen an.

On the farm

fox

sheep

chicken

pig

fence

goat

frog

butterfly

hedgehog

scarecrow

cockerel

lamb

owl

bat

mouse

horse

rabbit

bucket

duck

cow

animal das Tier

There are lots of animals on the farm.

Auf dem Bauernhof gibt es viele Tiere.

---

to bark bellen

Queenie is barking at Max.

Queenie bellt Max an.

---

barn die Scheune

Which animals live in the barn?

Welche Tiere leben in der Scheune?

---

bat die Fledermaus

What are the bats doing?

Was machen die Fledermäuse?

---

be careful sei vorsichtig

Be careful, Mia! Don't fall in.

Sei vorsichtig, Mia! Fall nicht rein!

bird der Vogel

A bird is sitting on the scarecrow's hat.

Ein Vogel sitzt auf dem Hut der Vogelscheuche.

---

bucket der Eimer

What is in the bucket?

Was ist im Eimer?

---

butterfly der Schmetterling

Where is the butterfly?

Wo ist der Schmetterling?

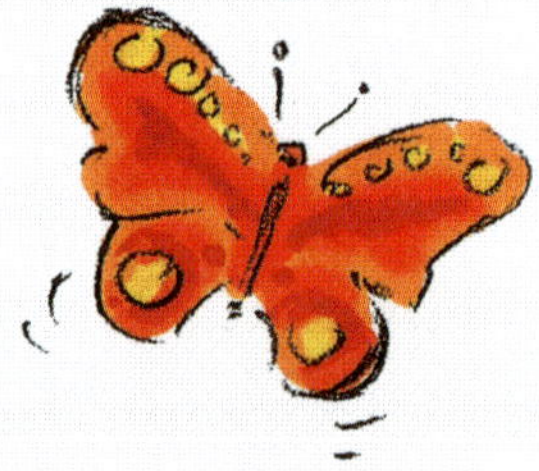

---

chick das Küken

The little chicks are hiding under the big chicken.

Die kleinen Küken verstecken sich unter dem großen Huhn.

---

chicken das Huhn

The chickens are eating the corn.

Die Hühner fressen den Mais.

cockerel der Hahn
The cockerel is very loud. Be quiet, cockerel!
Der Hahn ist sehr laut. Sei leise, Hahn!

---

corn der Mais
Can you see the corn in the barn?
Siehst du den Mais in der Scheune?

---

countryside das Land
Do you live in the countryside?
Wohnst du auf dem Land?

---

cow die Kuh
Buttercup is Uncle Bill's favourite cow.
Buttercup ist Onkel Bills Lieblingskuh.

---

duck die Ente
The duck is looking to see what's in the bucket.
Die Ente schaut nach, was im Eimer ist.

to fall fallen
Max has fallen into the mud.
Max ist in den Matsch gefallen.

---

farm der Bauernhof
Aunt Lizzie and Uncle Bill live on the farm.
Tante Lizzie und Onkel Bill wohnen auf dem Bauernhof.

---

farmer der Bauer, die Bäuerin
Uncle Bill is a farmer.
Onkel Bill ist Bauer.

---

fence der Zaun
The cockerel is sitting on the fence.
Der Hahn sitzt auf dem Zaun.

---

field das Feld
The scarecrow is in the field.
Die Vogelscheuche steht auf dem Feld.

On the farm

fox der Fuchs

The chickens haven't seen the fox.

Die Hühner haben den Fuchs nicht gesehen.

horse das Pferd

The horse loves big green apples.

Das Pferd liebt große grüne Äpfel.

frog der Frosch

The frog is having a bath.

Der Frosch nimmt ein Bad.

lamb das Lamm

The lambs are up on the hill.

Die Lämmer sind oben auf dem Hügel.

goat die Ziege

Mia can't see the goat biting her clothes.

Mia sieht nicht, wie die Ziege ihre Kleider anknabbert.

mice die Mäuse

The mice are running in the barn.

Die Mäuse laufen in der Scheune herum.

hedgehog der Igel

The hedgehog is hiding in the barn.

Der Igel versteckt sich in der Scheune.

mouse die Maus

The mouse is eating the corn.

Die Maus frisst den Mais.

hill der Hügel

Aunt Lizzie is driving the tractor up the hill.

Tante Lizzie fährt mit dem Traktor den Hügel hoch.

muddy schlammig, schmutzig

Max is very muddy.

Max ist sehr schmutzig.

nest das Nest
The mice have built their nest in the barn.
Die Mäuse haben ihr Nest in der Scheune gebaut.

owl die Eule
The owl wants to go to sleep.
Die Eule möchte schlafen.

pig das Schwein
The pig is very muddy too.
Das Schwein ist auch sehr schlammig.

rabbit das Kaninchen
What colour is the rabbit?
Welche Farbe hat das Kaninchen?

sack der Sack
Can you see the hole in the sack of corn?
Siehst du das Loch im Sack mit Mais?

scarecrow die Vogelscheuche
The birds aren't scared of the scarecrow.
Die Vögel haben keine Angst vor der Vogelscheuche.

sheep das Schaf
The sheep are eating the yummy green grass.
Die Schafe fressen das leckere, grüne Gras.

tractor der Traktor
Aunt Lizzie and the baby are on the tractor.
Tante Lizzie und das Baby sitzen auf dem Traktor.

to watch beobachten
The fox is watching the chickens.
Der Fuchs beobachtet die Hühner.

At the zoo

bear

polar bear

elephant

branch

giraffe

leaf

monkey

gorilla

peacock

snake

crocodile

camel

penguin

seal

hippo

lion

At the zoo

aquarium das Aquarium

There are crocodiles and snakes in the aquarium.

Im Aquarium gibt es Krokodile und Schlangen.

bear der Bär

The brown bear looks like my teddy.

Der braune Bär sieht aus wie mein Teddy.

to bite beißen

Be very careful! The crocodiles bite.

Sei sehr vorsichtig! Die Krokodile beißen.

branch der Ast

The elephant is holding a branch with his trunk.

Der Elefant hält einen Ast mit seinem Rüssel.

café das Café

Let's drink a cup of tea in the café.

Lass uns eine Tasse Tee im Café trinken.

camel das Kamel

A boy is sitting on the camel.

Ein Junge sitzt auf dem Kamel.

to close zumachen, schließen

The zoo keeper mustn't forget to close the cage.

Der Zoowärter darf nicht vergessen, den Käfig zuzumachen.

crocodile das Krokodil

The crocodile has lots and lots of teeth.

Das Krokodil hat viele, viele Zähne.

dangerous gefährlich

Be careful! The crocodile's teeth are dangerous.

Vorsicht! Die Zähne vom Krokodil sind gefährlich.

to dream träumen
The lion is dreaming.
Der Löwe träumt.

elephant der Elefant
The elephant is the biggest animal in the zoo.
Der Elefant ist das größte Tier im Zoo.

excuse me Entschuldigung
Excuse me, I can't see.
Entschuldigung, ich kann nicht sehen.

to feed füttern
The zoo keeper is feeding the tiger.
Der Zoowärter füttert den Tiger.

Tiere nicht füttern!

fishing fischen
The brown bears like to go fishing.
Die Braunbären fischen gern.

fur das Fell
The lion has lovely golden fur.
Der Löwe hat ein wunderschönes goldenes Fell.

giraffe die Giraffe
The giraffe has a very, very long neck.
Die Giraffe hat einen sehr, sehr langen Hals.

gorilla der Gorilla
Where are the gorillas?
Wo sind die Gorillas?

hippo das Nilpferd
Hippos love mud baths.
Nilpferde baden gern im Schlamm.

to hold halten
Mia is holding Grandpa's hand.
Mia hält Opa an der Hand.

insect das Insekt
There's a new insect house in the zoo.
Es gibt ein neues Insektenhaus im Zoo.

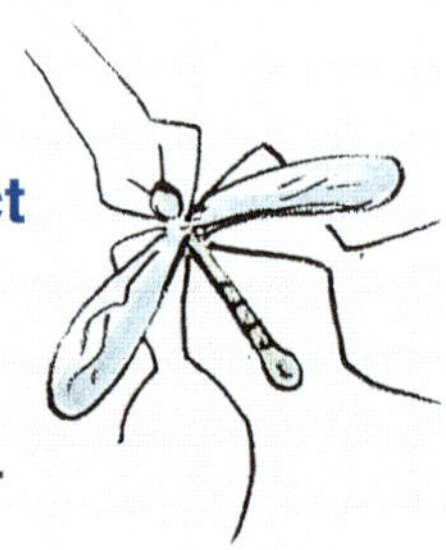

jungle der Dschungel
The tiger wants to be in the jungle.
Der Tiger wäre gern im Dschungel.

kangaroo das Känguru
Where do kangaroos come from?
Woher kommen Kängurus?

leaf das Blatt

This leaf tastes yummy.
Dieses Blatt schmeckt lecker.

leaves die Blätter
The giraffe wants to eat the young, green leaves.
Die Giraffe will die jungen, grünen Blätter fressen.

let's lass uns
Let's come to the zoo again tomorrow.
Lass uns morgen noch mal in den Zoo gehen.

lion der Löwe
The lion is very old.
Der Löwe ist sehr alt.

lizard die Eidechse
Lizards love to lie in the sun.
Eidechsen lieben es, in der Sonne zu liegen.

monkey der Affe
The monkeys are angry with the giraffe.
Die Affen sind böse auf die Giraffe.

of course natürlich
Do you like the zoo?
Of course.
Magst du den Zoo?
Natürlich.

panda der Panda
Do you know where pandas usually live?
Weißt du, wo Pandas normalerweise leben?

pardon? Wie bitte?
Pardon? Can you say that again, please?
Wie bitte? Kannst du das bitte noch mal sagen?

parrot der Papagei
The parrots are very loud.
Die Papageien sind sehr laut.

paw die Pfote
Look at the lion's big paws.
Schau dir die großen Pfoten des Löwen an.

peacock der Pfau
The peacock thinks that he is lovely.
Der Pfau glaubt, dass er wunderschön ist.

penguin der Pinguin
The penguins look very funny when they walk.
Die Pinguine sehen beim Gehen sehr lustig aus.

polar bear der Eisbär
The polar bears are swimming in their pool.
Die Eisbären schwimmen in ihrem Becken.

to queue (BE) anstellen
Hier anstellen!

race das Wettrennen

The giant tortoises are having a race.

Die Riesenschildkröten machen ein Wettrennen.

---

ready bereit

We're ready to go.

Wir sind bereit zu gehen.

---

to roar brüllen

The tiger can roar very loudly.

Der Tiger kann sehr laut brüllen.

---

to ride reiten

Do you want to ride on the camel?

Möchtest du auf dem Kamel reiten?

---

seal der Seehund

The seals have fun catching fish.

Die Seehunde haben Spaß beim Fischefangen.

sign post der Wegweiser

The sign post will help us to find the gorillas.

Der Wegweiser wird uns helfen, die Gorillas zu finden.

---

snake die Schlange

Grandma doesn't like snakes.

Oma mag keine Schlangen.

---

tiger der Tiger

The tiger is very hungry.

Der Tiger ist sehr hungrig.

---

trunk der Rüssel

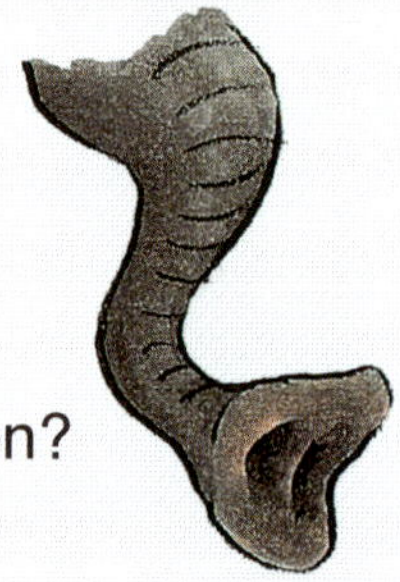

How long is the elephant's trunk?

Wie lang ist der Rüssel des Elefanten?

---

to understand verstehen

The elephant doesn't understand English.

Der Elefant versteht kein Englisch.

unicorn das Einhorn

There isn't a unicorn in the zoo.

Es gibt kein Einhorn im Zoo.

What's the matter?

Was ist los?

---

yuck! Igitt!

Yuck! Old fish for lunch.

Igitt! Alte Fische zum Mittagessen.

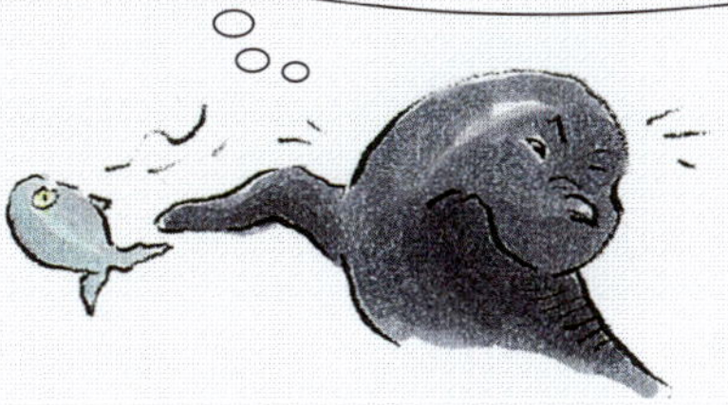

---

yummy lecker

Mm. Yummy children.

Mmm. Leckere Kinder.

zebra das Zebra

The zebras look as if they are wearing pyjamas.

Die Zebras sehen aus, als ob sie Schlafanzüge trügen.

---

zoo der Zoo

We're at the zoo with our grandparents.

Wir sind mit unseren Großeltern im Zoo.

---

zoo keeper der Zoowärter

The zoo keeper must be very careful.

Der Zoowärter muss sehr vorsichtig sein.

At the fairground

roller coaster

vampire

witch

ghost

monster

ticket

bouncy castle

clown

big wheel

helter-skelter

bumper car

carousel

candyfloss

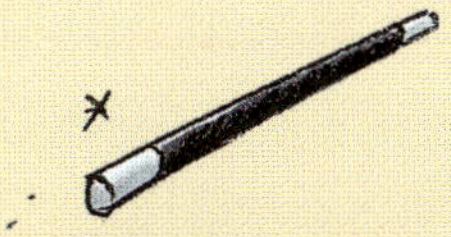

magic wand

magician

cowboy

again noch mal, wieder

Mia doesn't want to go on the ghost train again.

Mia will nicht noch mal mit der Geisterbahn fahren.

any irgendein

We haven't (got) any money.

Wir haben kein Geld.

big wheel (Ferris wheel) das Riesenrad

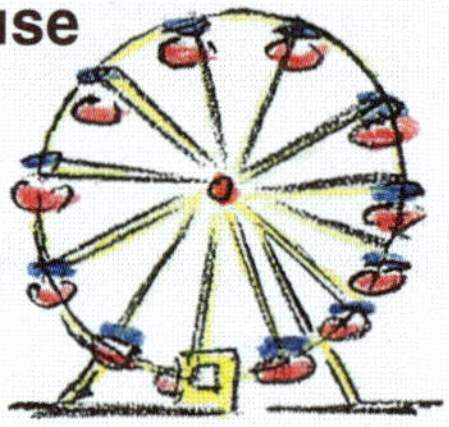

We can see our house from the big wheel.

Wir können unser Haus vom Riesenrad aus sehen.

bin (BE) der Mülleimer

Throw your rubbish in the bin.

Wirf deinen Müll in den Mülleimer.

bouncy castle die Hüpfburg

Uncle Bill was on the bouncy castle with the baby.

Onkel Bill war mit dem Baby auf der Hüpfburg.

bumper car der Autoskooter

Max wants to go on the bumper cars next.

Max will als Nächstes Autoskooter fahren.

candyfloss (BE) die Zuckerwatte

The baby loves candyfloss.

Das Baby liebt Zuckerwatte.

carousel das Karussell

The horses on the carousel go up and down.

Die Karusselpferde gehen hoch und runter.

clown der Clown

The clown has a funny red nose.

Der Clown hat eine lustige rote Nase.

cowboy der Cowboy
The cowboy is working on the carousel.
Der Cowboy arbeitet auf dem Karussell.

fairground der Rummelplatz
There's lots to do at the fairground.
Auf dem Rummelplatz gibt es viel zu tun.

first erste
Max and Mia are in the first car.
Max und Mia sind in dem ersten Wagen.

ghost das Gespenst, der Geist
Mia is scared of the ghost.
Mia hat Angst vor dem Gespenst.

ghost train die Geisterbahn
Mum doesn't want to go on the ghost train.
Mama will nicht mit der Geisterbahn fahren.

to go gehen
Shall we go to the fair again tomorrow?
Sollen wir morgen noch mal zu dem Rummelplatz gehen?

to have fun Spaß haben
We're having lots of fun at the fairground.
Wir haben eine Menge Spaß auf dem Rummelplatz.

helter-skelter (BE) die Riesenrutsche
Mia wants to go on the helter-skelter.
Mia will auf die Riesen-rutsche.

hot dog der Hotdog
Do you want a hot dog?
Willst du einen Hotdog?

to jump hüpfen, springen
The baby likes jumping on the bouncy castle.
Das Baby hüpft gerne auf der Hüpfburg.

last letzte
The monster is sitting in the last car.
Das Monster sitzt im letzten Wagen.

magic Zauber-
The magician went to a magic school.
Der Zauberer ging auf eine Zauberschule.

magician der Zauberer
What is the magician doing?
Was macht der Zauberer?

magic wand der Zauberstab
The magician can't find his magic wand.
Der Zauberer kann seinen Zauberstab nicht finden.

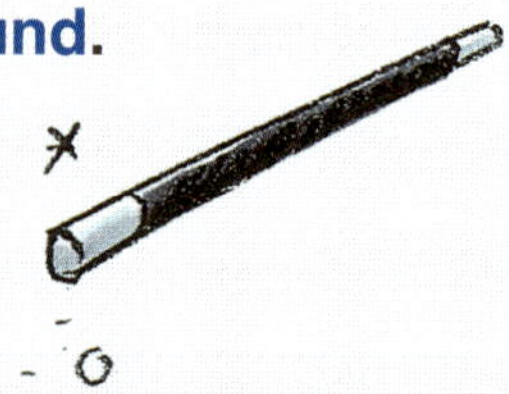

monster das Monster
Is there a monster under your bed?
Gibt es ein Monster unter deinem Bett?

next nächste(s)
What shall we do next?
Was machen wir als Nächstes?

people die Menschen, die Leute
There are lots of people at the fairground.
Auf dem Rummelplatz sind viele Leute.

to pick up aufheben
Pick up your rubbish, please.
Heb bitte deinen Müll auf.

prize der Preis
Uncle Bill hasn't won a prize this year.
Onkel Bill hat dieses Jahr keinen Preis gewonnen.

queue (BE) die Menschenschlange
There's a long queue for the ghost train.
Vor der Geisterbahn ist eine lange Menschenschlange.

roller coaster die Achterbahn
Dad and I want to go on the roller coaster.
Papa und ich wollen Achterbahn fahren.

show die Vorstellung
The next magic show is at two o'clock.
Die nächste Zauber-vorstellung ist um zwei Uhr.

to slide rutschen
I love sliding down the helter-skelter.
Ich liebe es, die Riesenrutsche runter zu rutschen.

sticky klebrig
The candyfloss is very sticky.
Die Zuckerwatte ist sehr klebrig.

ticket die Fahrkarte
Don't forget to buy a ticket.
Vergiss nicht, eine Fahrkarte zu kaufen.

vampire der Vampir
The vampire has blood on his teeth.
Der Vampir hat Blut an den Zähnen.

to wait warten
Mum and Dad are waiting for the twins.
Mama und Papa warten auf die Zwillinge.

to win gewinnen
Uncle Bill is trying to win a goldfish.
Onkel Bill versucht, einen Goldfisch zu gewinnen.

witch die Hexe
Queenie doesn't like the witch.
Queenie mag die Hexe nicht.

Around the year

cloud

kite

mummy

pumpkin

lightning

sunflower

rainbow

calendar

snowflakes

rain

umbrella

Easter bunny

Easter egg

daisy

daffodil

to be cold frieren
Queenie's paws are very cold.
Queenie friert an den Pfoten.

---

calendar der Kalender
There's a calendar hanging on our kitchen wall.
An unserer Küchenwand hängt ein Kalender.

---

cloud die Wolke
Can you see the big, black, rain cloud?
Siehst du die große schwarze Regenwolke?

---

cloudy bewölkt
It's very cloudy today.
Es ist heute sehr bewölkt.

---

cold kalt
My nose is cold.
Meine Nase ist kalt.

daffodils die Osterglocken
Mia gave Grandma ten daffodils.
Mia hat Oma zehn Osterglocken geschenkt.

---

daisy das Gänseblümchen
Lady Slow is eating the daisy.
Lady Slow frisst das Gänseblümchen.

---

diary das Tagebuch
I try to write in my diary every day.
Ich versuche, jeden Tag in mein Tagebuch zu schreiben.

---

to dress up sich verkleiden
We always dress up for Halloween.
Wir verkleiden uns immer an Halloween.

Easter Ostern
Easter is in March or April.
Ostern ist im März oder April.

Easter bunny der Osterhase

The Easter bunny has hidden the Easter eggs.
Der Osterhase hat die Ostereier versteckt.

Easter egg das Osterei

Max has eaten too many chocolate Easter eggs.
Max hat zu viele Schokoladen-ostereier gegessen.

---

fireworks das Feuerwerk

In England we have fireworks on the fifth of November.
In England gibt es am fünften November überall Feuerwerk.

---

fog der Nebel

I can't see Queenie in the fog.
Ich kann Queenie im Nebel nicht sehen.

to forget vergessen

Don't forget my birthday.
Vergiss meinen Geburtstag nicht!

Halloween Halloween

Halloween is on October 31st.
Halloween ist am 31. Oktober.

Happy New Year!
Frohes Neues Jahr!

---

kite der Drachen

Can you fly a kite?
Kannst du einen Drachen steigen lassen?

---

light hell

What time does it get light in the summer?
Um welche Uhrzeit wird es im Sommer hell?

---

lightning der Blitz

The lightning is very bright.
Der Blitz ist sehr hell.

month der Monat
It's my birthday next month.
Ich habe nächsten Monat Geburtstag.

mummy die Mumie
Max is dressed up as a mummy.
Max hat sich als Mumie verkleidet.

New Year's Eve Silvester
We're having a New Year's Eve party tomorrow.
Morgen feiern wir eine Silvesterparty.

o'clock Uhr (als Zeitangabe)
In the summer it's light at 6 o'clock in the morning.
Im Sommer ist es um 6 Uhr morgens hell.

puddle die Pfütze
Jumping in puddles is lots of fun.
In Pfützen zu hüpfen macht viel Spaß.

pumpkin der Kürbis
Can you see the Halloween pumpkin?
Siehst du den Halloweenkürbis?

rain der Regen
I'm singing in the rain.
Ich singe im Regen.

to rain regnen
I think it's going to rain.
Ich glaube, es wird regnen.

rainbow der Regenbogen
How many colours are in a rainbow?
Wie viele Farben hat ein Regenbogen?

raincoat der Regenmantel
I like wearing my yellow raincoat.
Ich trage meinen gelben Regenmantel gern.

school holidays (BE) die Schulferien

We love school holidays.

Wir lieben die Schulferien.

season die Jahreszeit

My favourite season is spring.

Meine Lieblingsjahreszeit ist der Frühling.

skiing Ski laufen

I sometimes go skiing in winter.

Manchmal gehe ich im Winter Ski laufen.

sky der Himmel

The sky is very blue today.

Der Himmel ist heute sehr blau.

snowball der Schneeball

Max has made lots of snowballs.

Max hat viele Schneebälle gemacht.

snowboard das Snowboard

Max got a snowboard for Christmas.

Max hat ein Snowboard zu Weihnachten bekommen.

snowflake die Schneeflocke

Queenie likes catching snowflakes.

Queenie fängt gerne Schneeflocken.

to splash nass spritzen

Queenie doesn't like getting splashed.

Queenie mag es nicht, wenn man sie nass spritzt.

storm der Sturm

Winston stays inside the house during the storm.

Während des Sturms bleibt Winston im Haus.

sun die Sonne

The sun is hiding behind the clouds.

Die Sonne versteckt sich hinter den Wolken.

sunflower die Sonnenblume

The sunflower is as big as me.

Die Sonnenblume ist so groß wie ich.

sunny sonnig

Mum likes long, sunny, summer days.

Mama mag lange sonnige Sommertage.

sunshine der Sonnenschein

Winston loves sleeping in the sunshine.

Winston schläft gern im Sonnenschein.

thunderstorm das Gewitter

Don't fly your kite in a thunderstorm.

Lass deinen Drachen nicht bei einem Gewitter steigen!

umbrella der Regenschirm

Take your umbrella with you when it rains.

Nimm deinen Regenschirm mit, wenn es regnet.

weather das Wetter

What's the weather like today?

Wie ist das Wetter heute?

week die Woche

A week always has seven days.

Eine Woche hat immer sieben Tage.

weekend das Wochenende

Saturday and Sunday are the weekend.

Samstag und Sonntag sind das Wochenende.

wind der Wind

The wind is blowing the leaves off the trees.

Der Wind bläst die Blätter vom Baum.

year das Jahr

There are twelve months in a year.

Ein Jahr hat zwölf Monate.

days	die Tage
Monday	Montag
Tuesday	Dienstag
Wednesday	Mittwoch
Thursday	Donnerstag
Friday	Freitag
Saturday	Samstag
Sunday	Sonntag
yesterday	gestern
today	heute
tomorrow	morgen

seasons	die Jahreszeiten
spring	der Frühling
summer	der Sommer
autumn (BE)	der Herbst
winter	der Winter

months	die Monate
January	Januar
February	Februar
March	März
April	April
May	Mai
June	Juni
July	Juli
August	August
September	September
October	Oktober
November	November
December	Dezember

On holiday

post card

hotel

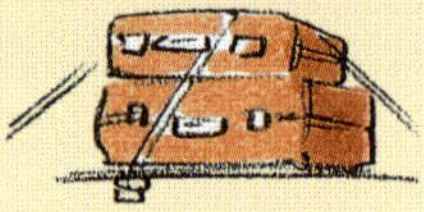

suitcase

camera

flag

sandcastle

crab

sunglasses

spade

seagull

whale

ship

plane

island

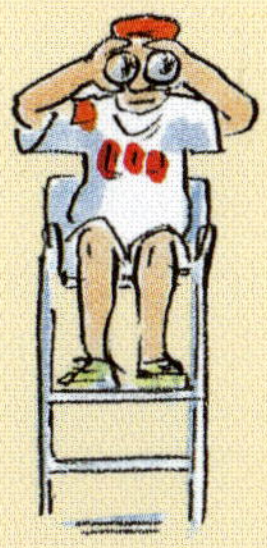

lifeguard

lighthouse

seashell

jellyfish

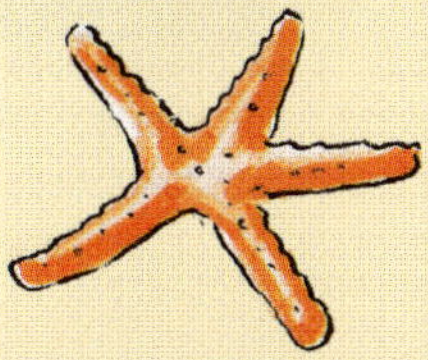

starfish

dolphin

beach der Strand
There are lots of great beaches in England.
Es gibt in England viele tolle Strände.

---

beach towel das Badehandtuch
Mum's sitting on a beach towel.
Mama sitzt auf einem Badehandtuch.

---

bikini der Bikini
I'm wearing my bikini.
Ich trage meinen Bikini.

---

boat das Boot
The people in the boat are watching the dolphin.
Die Menschen im Boot beobachten den Delfin.

---

to build bauen
The twins and I are building a sand castle.
Die Zwillinge und ich bauen eine Sandburg.

camera der Fotoapparat
Dad has his camera round his neck.
Papa hat seinen Fotoapparat um den Hals hängen.

---

castle das Schloss, die Burg
Yesterday we went to the old castle.
Gestern sind wir zum alten Schloss gegangen.

---

cave die Höhle
Who is hiding inside the dark cave?
Wer hat sich in der dunklen Höhle versteckt?

---

crab die Krabbe
Ouch! Mia has a crab inside her swimming costume.
Aua! Mia hat eine Krabbe in ihrem Badeanzug.

dolphin der Delfin

The dolphin is jumping out of the water.

Der Delfin springt aus dem Wasser.

---

to enjoy genießen

Dad always enjoys the summer holidays.

Papa genießt immer die Sommerferien.

---

flag die Fahne, die Flagge

We put a flag on top of our sand castle.

Wir stecken eine Flagge in unsere Sandburg.

---

to fly fliegen

I'd like to fly like the seagulls.

Ich möchte wie die Möwen fliegen.

---

forest der Wald

The castle is in the middle of the forest.

Das Schloss ist mitten im Wald.

France Frankreich

Next year we're going to France.

Nächstes Jahr fahren wir nach Frankreich.

---

to go on holiday (BE) in Urlaub fahren

We're going on a summer holiday.

Wir fahren in den Sommerurlaub.

---

holiday (BE) der Urlaub

Holidays at the beach are great fun.

Strandurlaube machen großen Spaß.

---

hot heiß

The sand is very hot.

Der Sand ist sehr heiß.

---

hotel das Hotel

We're staying in the Beach Hotel.

Wir wohnen im Beach Hotel.

ice cream shop (BE)
die Eisdiele

Dad's gone to the ice cream shop.
Papa ist zur Eisdiele gegangen.

idea die Idee

Max has an idea.
Max hat eine Idee.

island die Insel

I'd like to live on the island.
Ich möchte auf der Insel wohnen.

jellyfish die Qualle

Don't eat the jellyfish, Queenie!
Nicht die Qualle fressen, Queenie!

to keep halten, behalten

The cap keeps the sun off Max's head.
Der Mütze hält die Sonne von Max' Kopf fern.

lifeguard der Rettungsschwimmer

The lifeguard is watching the people in the sea.
Der Rettungsschwimmer beobachtet die Leute im Meer.

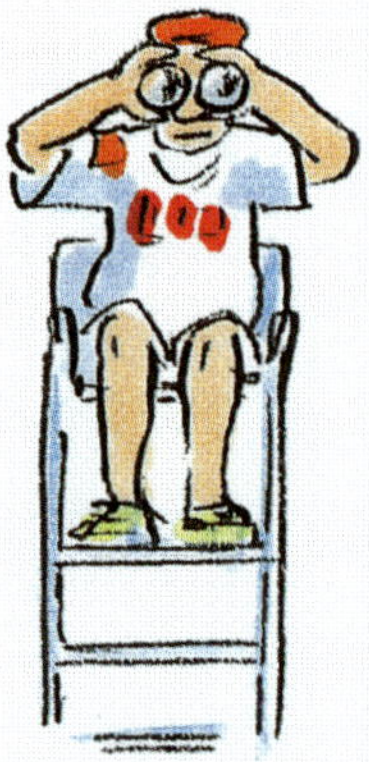

lighthouse der Leuchtturm

There's a lighthouse on the island.
Auf der Insel gibt es einen Leuchtturm.

picnic das Picknick

We're having a picnic for lunch.
Wir machen mittags ein Picknick.

pirate der Pirat

The pirate is inside the dark cave.
Der Pirat ist in der dunklen Höhle.

plane (aeroplane BE)
das Flugzeug
The people in the plane are going on holiday, too.
Die Leute im Flugzeug fliegen auch in Urlaub.

post card die Postkarte
I wrote a post card to Holly yesterday.
Gestern habe ich eine Postkarte an Holly geschrieben.

put stellen, legen, setzen
Put your sun hat on!
Setz deinen Sonnenhut auf!

to relax sich entspannen
Mum wants to relax on the beach.
Mama will sich am Strand entspannen.

rock der Fels
The seals are sitting on the rocks.
Die Seehunde sitzen auf den Felsen.

sand der Sand
It's fun to play in the sand.
Es macht Spaß, im Sand zu spielen.

sandcastle die Sandburg
I think our sandcastle is great!
Ich finde, unsere Sandburg ist toll!

sandwich das Sandwich

sea das Meer
The sea is too cold for Dad.
Das Meer ist zu kalt für Papa.

seagull die Möwe
The seagull's feet are in the sea.
Die Möwe steht mit ihren Füßen im Meer.

seahorse das Seepferdchen

Ah, don't the seahorses look sweet?

Ah, sehen die Seepferdchen nicht süß aus?

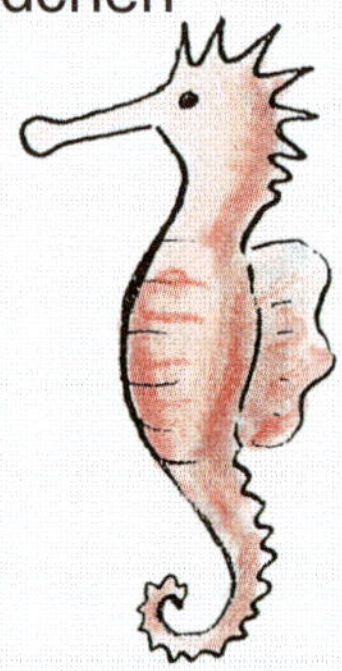

seashell die Muschel

We found pink seashells on the beach.

Wir haben rosa Muscheln am Strand gefunden.

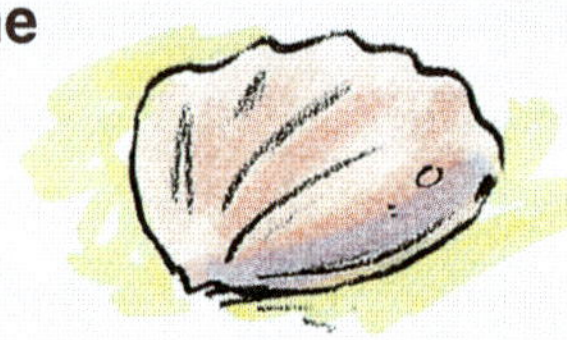

shark der Hai

It's not a good idea to go swimming with sharks.

Es ist keine gute Idee, mit Haien zu schwimmen.

ship das Schiff

The big ship is going to France.

Das große Schiff fährt nach Frankreich.

spade die Schaufel

You need a bucket and spade to make a good sand castle.

Du brauchst eine Schaufel und einen Eimer, um eine gute Sandburg zu bauen.

starfish der Seestern

How many arms has the starfish?

Wie viele Arme hat der Seestern?

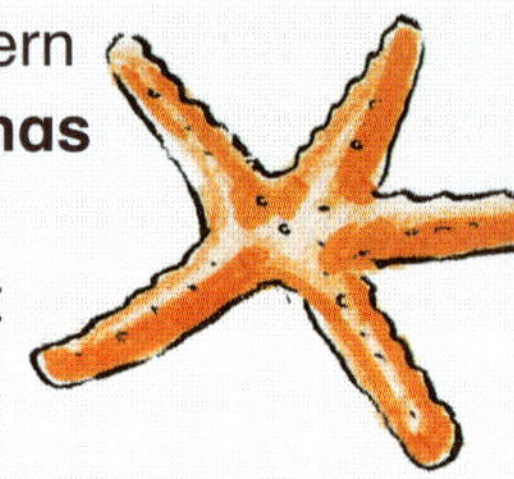

to stay bleiben

We're staying here for a week.

Wir bleiben eine Woche hier.

steps die Treppe

The steps go from the street to the beach.

Die Treppe führt von der Straße zum Strand.

stone der Stein

Is there a crab hiding under the stone?

Versteckt sich da eine Krabbe unter dem Stein?

suitcase der Koffer

Our suitcases are on the roof of the car.

Unsere Koffer sind auf dem Dach des Autos.

---

sunglasses die Sonnenbrille

I'm wearing my sunglasses.

Ich trage meine Sonnenbrille.

---

suntan lotion die Sonnencreme

Don't forget the suntan lotion.

Vergiss die Sonnencreme nicht.

---

surfboard das Surfbrett

Can you see the boy on his surfboard?

Siehst du den Jungen auf seinem Surfbrett?

---

to swim schwimmen

There's a man swimming in the sea.

Ein Mann schwimmt im Meer.

swimming costume (BE) der Badeanzug

Mia is wearing her favourite swimming costume.

Mia trägt ihren Lieblingsbadeanzug.

---

swimming trunks die Badehose

Max is wearing his old swimming trunks.

Max trägt seine alte Badehose.

---

to take photos fotografieren

A man is taking photos.

Ein Mann fotografiert.

---

treasure der Schatz

The pirate is trying to hide his treasure.

Der Pirat versucht, seinen Schatz zu verstecken.

---

whale der Wal

Can you see the whale?

Siehst du den Wal?

Birthday

balloon

glass

invitation

birthday cake

jelly

knife

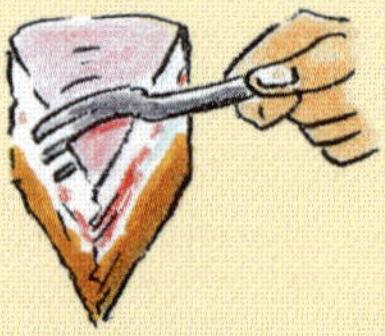

fork

ice cream

candle

birthday card

birthday present

sausage

spoon

plate

cup

to bake backen

Grandma baked me a lovely cake.
Oma hat mir einen wunderschönen Kuchen gebacken.

---

balloon der Luftballon

Winston doesn't like balloons.
Winston mag keine Luftballons.

---

birthday der Geburtstag

It's my birthday today.
Heute habe ich Geburtstag.

---

birthday cake
der Geburtstagskuchen

The jelly is next to the birthday cake.
Der Wackelpudding steht neben dem Geburtstagskuchen.

birthday card
die Geburtstagskarte

Lots of birthday cards came for me this morning.
Heute Morgen sind viele Geburtstagskarten für mich gekommen.

---

birthday party
die Geburtstagsparty

I'm having a birthday party this afternoon.
Heute Nachmittag feiere ich eine Geburtstagsparty.

---

birthday present
das Geburtstagsgeschenk

I got lots of lovely birthday presents.
Ich habe viele schöne Geburtstagsgeschenke bekommen.

---

to blow out ausblasen

The birthday child can blow out the candles.
Das Geburtstagskind darf die Kerzen ausblasen.

candle die Kerze

How many candles are on the cake?
Wie viele Kerzen sind auf dem Kuchen?

---

coca cola (coke®) die Cola

There's a big bottle of coca cola on the table.
Auf dem Tisch steht eine große Flasche Cola.

---

cup die Tasse

Grandma's drinking a cup of tea.
Oma trinkt eine Tasse Tee.

---

fork die Gabel

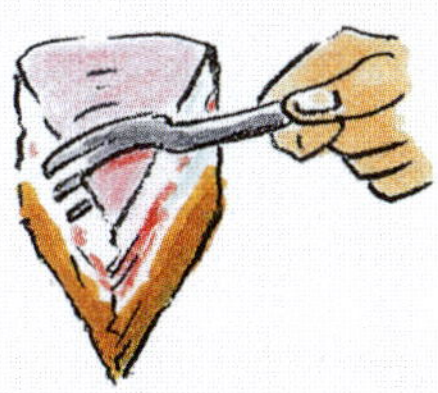

Grandma is eating her cake with a fork.
Oma isst ihren Kuchen mit einer Gabel.

---

to get bekommen

What did you get for your birthday?
Was hast du zum Geburtstag bekommen?

to give geben, schenken

Mum and Dad gave me a bike.
Mama und Papa haben mir ein Fahrrad geschenkt.

---

glass das Glas

Happy birthday!
Herzlichen Glückwunsch zum Geburtstag!

---

ice cream das Eis

We have chocolate ice cream and strawberry ice cream.
Es gibt Schokoladeneis und Erdbeereis.

invitation die Einladung
I gave party invitations to my friends.
Ich habe Einladungen zu meiner Party an meine Freunde verteilt.

---

to invite einladen
I've invited Holly and Jake to my birthday party.
Ich habe Holly und Jake zu meiner Geburtstagsparty eingeladen.

---

jelly (BE) der Wackelpudding
Do you like green jelly?
Magst du grünen Wackelpudding?

---

knife das Messer
The knives are next to the forks.
Die Messer sind neben den Gabeln.

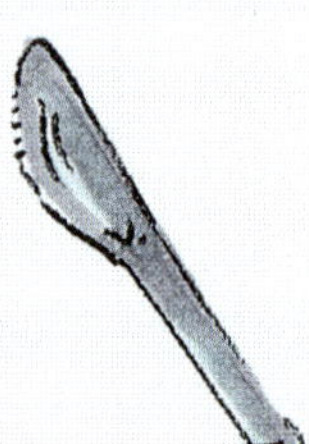

lemonade die Limonade
There's a big bottle of lemonade too.
Es gibt auch eine große Flasche Limonade.

---

to make a wish
sich etwas wünschen
Blow out the candles, and make a wish.
Blas die Kerzen aus und wünsch dir was.

---

plate der Teller

Don't run with your plate.
Renn nicht mit deinem Teller herum.

---

please bitte
Please come to my party.
Bitte komm zu meiner Party.

sausage das Würstchen

Queenie loves sausages.

Queenie liebt Würstchen.

serviette (BE) die Serviette

The red serviettes are on the table.

Die roten Servietten sind auf dem Tisch.

spoon der Löffel

Where are the spoons?

Wo sind die Löffel?

table der Tisch

Queenie is hiding under the table.

Queenie versteckt sich unterm Tisch.

tablecloth das Tischtuch

The tablecloth is on the table.

Das Tischtuch ist auf dem Tisch.

thank you Danke schön

Thank you for my birthday presents.

Danke für meine Geburtstagsgeschenke.

thank you very much vielen Dank

Thank you very much.

Vielen Dank.

very sehr

I'm very happy.

Ich bin sehr glücklich.

wrapping paper das Geschenkpapier

The presents were in wrapping paper.

Die Geschenke waren in Geschenkpapier eingepackt.

Christmas

angel

mistletoe

Christmas tree

Father Christmas,
Santa Claus

sleigh

reindeer

Christmas cracker

fireplace

snowman

robin

Christmas pudding

holly

turkey

present

stocking

paper hat

angel der Engel

We put an angel on the top of the Christmas tree.
Wir setzten einen Engel oben auf den Weihnachtsbaum.

---

badminton Federball

Mum gave me a badminton set for Christmas.
Mama schenkte mir ein Federballspiel zu Weihnachten.

---

cake der Kuchen

The cake tastes yummy!
Der Kuchen schmeckt lecker.

---

to celebrate feiern

We celebrate Christmas on the twenty-fifth of December.
Weihnachten feiern wir am fünfundzwanzigsten Dezember.

Christmas Weihnachten

Christmas is one of my favourite times of the year.
Weihnachten ist eine meiner Lieblingszeiten im Jahr.

Christmas card die Weihnachtskarte

People in England always write a lot of Christmas cards.
Die Leute in England schreiben immer viele Weihnachtskarten.

Christmas carol das Weihnachtslied

Children go from house to house and sing Christmas carols.
Die Kinder gehen von Haus zu Haus und singen Weihnachtslieder.

Christmas cracker der Knallbonbon

What's inside your Christmas cracker?
Was ist in deinem Knallbonbon?

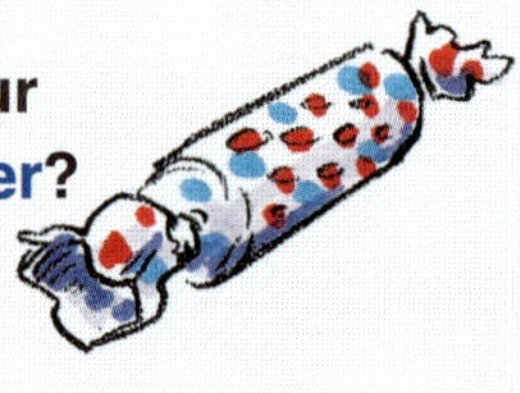

Christmas Day
der erste Weihnachtstag

We eat our Christmas dinner on Christmas Day.
Wir essen unser Weihnachtsessen am ersten Weihnachtstag.

Christmas Eve Heiligabend

Christmas Eve is on the twenty-fourth of December.
Heiligabend ist am vierundzwanzigsten Dezember.

Christmas pudding
der Plumpudding

Aunt Lizzie has decorated the Christmas pudding with holly.
Tante Lizzie hat den Plumpudding mit einem Stechpalmenzweig verziert.

Christmas tree
der Weihnachtsbaum

The Christmas tree looks lovely.
Der Weihnachtsbaum sieht wunderschön aus.

---

to decorate schmücken

We helped to decorate the Christmas tree.
Wir haben geholfen, den Weihnachtsbaum zu schmücken.

---

dessert die Nachspeise

We'll eat the Christmas pudding for dessert.
Wir werden den Plumpudding als Nachspeise essen.

---

drum die Trommel

Why did Grandpa give the baby a drum?
Warum hat Opa dem Baby eine Trommel geschenkt?

Father Christmas (BE)
der Weihnachtsmann

Can you see a picture of Father Christmas?
Siehst du ein Bild vom Weihnachtsmann?

---

finished fertig

Are you finished?
Bist du fertig?

---

fire das Feuer

Uncle Bill has made a lovely fire.
Onkel Bill hat ein wunderschönes Feuer gemacht.

---

fireplace der Kamin

In winter Winston likes to sleep in front of the fireplace.
Im Winter schläft Winston gern vor dem Kamin.

gold golden

How many gold balls are there on the Christmas tree?
Wie viele goldene Kugeln hängen am Weihnachtsbaum?

---

great! toll!

Christmas is great!
Weihnachten ist toll!

---

to hang hängen

The gold and silver balls are hanging on the Christmas tree.
Die goldenen und silbernen Kugeln hängen am Weihnachtsbaum.

---

holly die Stechpalme

Don't eat the holly!
Iss nicht die Stechpalme!

---

ice das Eis

There's ice on the window.
Am Fenster ist Eis.

to kiss küssen

Mum and Dad kissed under the mistletoe.
Mama und Papa küssten sich unterm Mistelzweig.

---

lots of viele

There are lots of presents under the Christmas tree.
Da sind viele Geschenke unterm Weihnachtsbaum.

Merry Christmas!
Frohe Weihnachten!

---

middle die Mitte
The vegetables are in the middle of the table.
Das Gemüse steht mitten auf dem Tisch.

---

mistletoe der Mistelzweig

The mistletoe is hanging over the door.
Der Mistelzweig hängt über der Tür.

to open aufmachen, öffnen

Brrr, it's cold outside. Don't open the window.
Brr, draußen ist es kalt. Mach das Fenster nicht auf.

---

paper hat der Papierhut

The paper hats were inside the Christmas crackers.
Die Papierhüte waren in den Knallbonbons.

---

pea die Erbse

The peas always fall of my fork.
Die Erbsen fallen immer von meiner Gabel.

---

pepper der Pfeffer

Can I have the pepper, please?
Kann ich bitte den Pfeffer haben?

to prefer lieber mögen
Do you prefer carrots or peas?
Magst du lieber Karotten oder Erbsen?

---

present das Geschenk
Father Christmas puts presents into the children's stockings.
Der Weihnachtsmann steckt den Kindern Geschenke in ihre Strümpfe.

---

to pull ziehen
Pull the Christmas cracker.
Zieh den Knallbonbon auseinander.

---

reindeer das Rentier
Reindeers pull Father Christmas's sleigh.
Die Rentiere ziehen den Schlitten vom Weihnachtsmann.

to roast braten
We're having roast turkey for Christmas dinner.
Bei uns gibt es gebratenen Truthahn zu Weihnachten.

---

robin das Rotkehlchen
A robin is looking through the window.
Ein Rotkehlchen schaut durch das Fenster herein.

---

salt das Salz
I like salt on my roast potatoes.
Ich mag Salz auf meinen Bratkartoffeln.

Santa Claus (AE)
der Weihnachtsmann
In the USA Father Christmas is called Santa Claus.
In den USA heißt der Weihnachtsmann Santa Claus.

to say sagen
What did you say?
Was hast du gesagt?

---

shiny glänzend
Can you see the shiny balls on the tree?
Siehst du die glänzenden Kugeln am Baum?

---

silver silber
The Christmas tree is decorated with gold and silver balls.
Der Weihnachtsbaum ist mit goldenen und silbernen Kugeln geschmückt.

---

sleigh der Schlitten
Father Christmas brings the presents in his sleigh.
Der Weihnachtsmann bringt die Geschenke in seinem Schlitten.

snow der Schnee
There's lots of snow outside.
Draußen liegt viel Schnee.

---

snowman der Schneemann
Can you see our snowman?
Kannst du unseren Schneemann sehen?

---

stocking der Strumpf
On Christmas Eve children hang up their stockings.
An Heiligabend hängen die Kinder ihre Strümpfe auf.

---

turkey der Truthahn
Aunt Lizzie roasted a giant turkey.
Tante Lizzie hat einen riesigen Truthahn gebraten.

Opposites, numbers, colours, shapes and prepositions

black

blue

brown

dark blue

green

grey

light blue

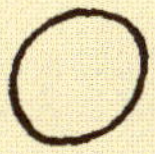

circle

rectangle

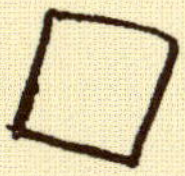

square

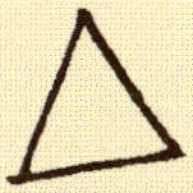

triangle

yellow

white

red

orange

pink

purple

opposites Gegensätze

big groß

Buttercup is big.
Buttercup ist groß.

small klein

Furball is small.
Furball ist klein.

sweet süß

Sugar is sweet.
Zucker ist süß.

sour sauer

Lemons are sour.
Zitronen sind sauer.

dirty schmutzig

The baby is dirty.
Das Baby ist schmutzig.

clean sauber

Winston is clean.
Winston ist sauber.

wet nass

Water is wet.
Wasser ist nass.

dry trocken

The towel is dry.
Das Handtuch ist trocken.

thin dünn

The snake is thin.
Die Schlange ist dünn.

fat dick

The hippo is fat.
Das Nilpferd ist dick.

long lang

The giraffe has long legs.
Die Giraffe hat lange Beine.

short kurz

Lady Slow has short legs.
Lady Slow hat kurze Beine.

easy einfach, leicht
This is easy.
Das ist einfach.

difficult schwierig
This is difficult.
Das ist schwierig.

fast schnell

The horse is fast.
Das Pferd ist schnell.

slow langsam
The tortoise is slow.
Die Schildkröte ist langsam.

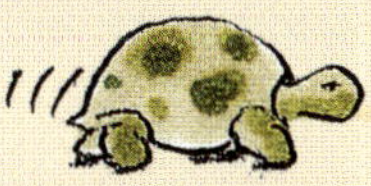

hard hart
The rock is hard.
Der Fels ist hart.

soft weich
The pillow is soft.
Das Kopfkissen ist weich.

right richtig
This answer is right.
Diese Antwort ist richtig.

wrong falsch
This answer is wrong.
Diese Antwort ist falsch.

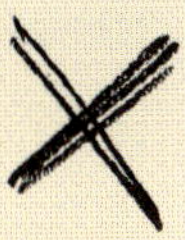

new neu
The car is new.
Das Auto ist neu.

old alt
The tractor is old.
Der Traktor ist alt.

loud laut
My alarm clock is loud.
Mein Wecker ist laut.

quiet leise
The mouse is quiet.
Die Maus ist leise.

good gut
That's a good idea.
Das ist eine gute Idee.

bad schlecht
That's a bad idea.
Das ist eine schlechte Idee.

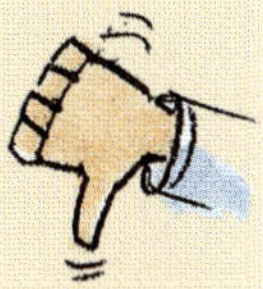

full voll
This glass is full.
Dieses Glas ist voll.

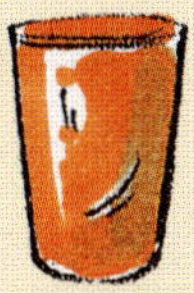

empty leer
This glass is empty.
Dieses Glas ist leer.

cheap billig
The broken old car is cheap.
Das kaputte alte Auto ist billig.

expensive teuer
The shiny new car is expensive.
Das glänzende neue Auto ist teuer.

heavy schwer

Mum's shopping bags are heavy.

Mamas Einkaufstüten sind schwer.

light leicht

Mia's rucksack is light.

Mia's Rucksack ist leicht.

---

rich reich

The pirate is rich.

Der Pirat ist reich.

poor arm

The old man is poor.

Der alte Mann ist arm.

numbers	die Zahlen
one	eins
two	zwei
three	drei
four	vier
five	fünf
six	sechs
seven	sieben
eight	acht
nine	neun
ten	zehn
eleven	elf
twelve	zwölf
thirteen	dreizehn
fourteen	vierzehn
fifteen	fünfzehn
sixteen	sechzehn
seventeen	siebzehn
eighteen	achtzehn
nineteen	neunzehn
twenty	zwanzig
thirty	dreißig
forty	vierzig
fifty	fünfzig
sixty	sechzig
seventy	siebzig
eighty	achtzig
ninety	neunzig
(one) hundred	(ein)hundert

colours	die Farben
black	schwarz
blue	blau
brown	braun
dark blue	dunkelblau
green	grün
grey	grau
light blue	hellblau
orange	orange
pink	rosa
purple	lila
red	rot
white	weiß
yellow	gelb

shapes	Formen
circle	der Kreis
rectangle	das Rechteck
square	das Quadrat
triangle	das Dreieck

prepositions	Präpositionen
about	über, um
above	über
and	und
as	wie
at	an, bei, zu
because	weil
behind	hinter
below	unter
between	zwischen
but	aber
down	hinunter
from	von
in	in
in front of	vor
inside	drinnen
into	in (hinein)
maybe	vielleicht
next to	neben
of	von
off	ab, auf
on	auf
opposite	gegenüber
or	oder
outside	draußen
over	über
round	herum
through	durch
to	zu
under	unter
up	hinauf, hoch
with	mit

pronouns	Pronomen
I	ich
you	du
he	er
she	sie
it	es
we	wir
you	Sie, ihr
they	sie
mine	mein(e)
your	dein(e)
her	ihr(e)
his, its	sein(e)
our	unser(e)
your	euer(e)
their	ihr(e)

question words	Fragewörter
how	wie
how many	wie viele
what	was
when	wann
where	wo
which	welche, -r, -s
who	wer
why	warum

Wörterverzeichnis Englisch – Deutsch

BE bedeutet britisches Englisch, AE amerikanisches Englisch

A

about [ə'baʊt] über, um **153**
above [ə'bʌv] über **153**
address [ə'dres] die Adresse **16**
to be afraid of [tə biː ə'freɪd ɒv] Angst haben vor **38**
after ['ɑːftə] nach **54**
afternoon [ˌɑːftə'nuːn] der Nachmittag **54**
again [ə'gen] noch mal **114**
to agree [tə ə'griː] zustimmen **38**
alarm clock [ə'lɑːm klɒk] der Wecker **23, 24**
alphabet ['ælfəbet] das Alphabet **62**
always ['ɔːlweɪz] immer **54**
am [æm] bin **8**
ambulance ['æmbjələns] der Krankenwagen **91, 92**
and [ænd] und **153**
angel ['eɪndʒəl] der Engel **140, 142**
angry ['æŋgrɪ] wütend **38**
animal ['ænɪml] das Tier **100**
answer ['ɑːnsə] die Antwort **62**
ant [ænt] die Ameise **98**
any ['enɪ] irgendein(e), irgendwelche **114**
apartment (AE) [ə'pɑːrtmənt] die Wohnung **16**
apple ['æpl] der Apfel **76, 78**
April ['eɪprəl] April **125**
aquarium [ə'kweərɪəm] das Aquarium **106**
are [ɑː] sind **8**
arm [ɑːm] der Arm **29, 30**
armchair ['ɑːmtʃeə] der Sessel **14, 16**
art [ɑːt] Kunst **62**
as [æz] wie **153**
to ask [tʊ 'ɑːsk] fragen **62**
at [æt] an, bei, zu **153**
at home [ət 'həʊm] zu Hause **16**
attic ['ætɪk] der Dachboden **16**
August ['ɔːgəst] August **125**
aunt [ɑːnt] die Tante **8**
autumn (BE) ['ɔːtəm] der Herbst **125**

B

baby ['beɪbɪ] das Baby **7, 8**
back [bæk] der Rücken **30**
bad [bæd] schlecht **151**
badminton ['bædmɪntən] der Federball **142**
bag [bæg] die Tasche **46**
to bake [tə 'beɪk] backen **136**
bakery ['beɪkərɪ] die Bäckerei **92**
balcony ['bælkənɪ] der Balkon **16**
ball [bɔːl] der Ball **22, 24**
balloon [bə'luːn] der Luftballon **134, 136**
banana [bə'nɑːnə] die Banane **77, 78**
bandage ['bændɪdʒ] der Verband **29, 30**
bank [bæŋk] die Bank **92**
to bark [tə 'bɑːk] bellen **100**
barn [bɑːn] die Scheune **100**
baseball ['beɪsbɔːl] der Baseball **46**
basket ['bɑːskɪt] der Korb **77, 78**
basketball ['bɑːskɪtbɔːl] der Basketball **71, 72**
bat [bæt] die Fledermaus **99, 100**
bath (BE) [bɑːθ] die Badewanne **16**
to have a bath [tə hæv ə 'bɑːθ] baden **33**
bathroom ['bɑːθruːm] das Badezimmer **16**
to be [tə 'biː] sein **8**
beach [biːtʃ] der Strand **128**
beach towel ['biːtʃ'taʊəl] das Badehandtuch **128**
bean [biːn] die Bohne **78**
bear [beə] der Bär **104, 106**
beard [bɪəd] der Bart **7, 8**
beautiful ['bjuːtəfl] schön **38**
because [bɪ'kɒz] weil **153**
bed [bed] das Bett **24**
bedroom ['bedruːm] das Schlafzimmer **16**
bee [biː] die Biene **14, 16**
before [bɪ'fɔː] vor **54**
to begin [tə bɪ'gɪn] anfangen **54**
behind [bɪ'haɪnd] hinter **153**
to believe [tə bɪ'liːv] glauben **38**
bell [bel] die Glocke **60, 62**
below [bɪ'ləʊ] unter **153**
belt [belt] der Gürtel **45, 46**
bench [bentʃ] die Parkbank **91, 92**
best [best] beste, bester **8**
better ['betə] besser **38**
between [bɪ'twiːn] zwischen **153**
bicycle ['baɪsɪkl] das Fahrrad **38**
big [bɪg] groß **150**
big wheel [ˌbɪg'wiːl] das Riesenrad **113**
bike [baɪk] das Fahrrad **38**
bikini [bɪ'kiːnɪ] der Bikini **128**
bin (BE) [bɪn] der Mülleimer **114**
bird [bɜːd] der Vogel **100**
bird house ['bɜːdhaʊs] das Vogelhäuschen **15, 17**
birthday ['bɜːθdeɪ] der Geburtstag **136**
birthday cake ['bɜːθdeɪ‿keɪk] der Geburtstagskuchen **134, 136**
birthday card ['bɜːθdeɪ‿kɑːd] die Geburtstagskarte **135, 136**
birthday party ['bɜːθdeɪ‿ˌpɑːtɪ] die Geburtstagsparty **136**
birthday present ['bɜːθdeɪ‿ˌpreznt] das Geburtstagsgeschenk **135, 136**
biscuit (BE) ['bɪskɪt] der Keks **78**
to bite [tə 'baɪt] beißen **106**

black [blæk] schwarz **148, 152**
blackboard ['blækbɔ:d] die Tafel **62**
blanket ['blæŋkɪt] die Decke **46**
to bleed [tə 'bli:d] bluten **30**
blonde [blɒnd] blond **30**
blouse [blaʊs] die Bluse **46**
to blow out [tə ˌbləʊ'aʊt] ausblasen **136**
blue [blu:] blau **148, 152**
boat [bəʊt] das Boot **128**
body ['bɒdɪ] der Körper **30**
bone [bəʊn] der Knochen **28, 30**
book [bʊk] das Buch **60, 62**
bookcase ['bʊkkeɪs] das Bücherregal **62**
boots [bu:ts] die Stiefel **44, 46**
boring ['bɔ:rɪŋ] langweilig **39**
bottle ['bɒtl] die Flasche **84, 86**
bottom ['bɒtəm] der Po, der Hintern **30**
bouncy castle ['baʊnsɪˌkɑ:sl] die Hüpfburg **112, 114**
bowl [bəʊl] die Schüssel, die Schale **78**
box [bɒks] die Schachtel **22, 24**
boy [bɔɪ] der Junge **7, 8**
bracelet ['breɪslət] das Armband **46**
branch [brɑ:ntʃ] der Ast **104, 106**
bread [bred] das Brot **84, 86**
break [breɪk] die Pause **62**
to break [tə 'breɪk] kaputt machen **24**
breakfast ['brekfəst] das Frühstück **54**
to have breakfast [tə hæv 'brekfəst] frühstücken **56**
bridge [brɪdʒ] die Brücke **90, 92**
to bring [tə 'brɪŋ] bringen **46**
brother ['brʌðə] der Bruder **8**
brown [braʊn] braun **148, 152**
bruise [bru:z] der blaue Fleck **30**
to brush one's teeth [tə 'brʌʃ wʌnz 'ti:θ] sich die Zähne putzen **54**
bucket ['bʌkɪt] der Eimer **99, 100**
to build [tə 'bɪld] bauen **128**
building ['bɪldɪŋ] das Gebäude **92**
to bump [tə 'bʌmp] anstoßen **30**
bumper car ['bʌmpə‿kɑ:] der Autoskooter **113, 114**
bus [bʌs] der Bus **91, 92**
bus driver ['bʌsˌdraɪvə] der Busfahrer, die Busfahrerin **92**
bus stop ['bʌs‿stɒp] die Bushaltestelle **90, 92**
bush [bʊʃ] der Busch, der Strauch **14, 17**
busy ['bɪzɪ] beschäftigt **72**
but ['bʌt] aber **153**
butter ['bʌtə] die Butter **78**
butterfly ['bʌtəflaɪ] der Schmetterling **98, 100**
button ['bʌtn] der Knopf **45, 46**
to buy [tə 'baɪ] kaufen **86**

C

café ['kæfeɪ] das Café **106**
cage [keɪdʒ] der Käfig **61, 63**
cake [keɪk] der Kuchen **142**
calculator ['kælkjʊleɪtə] der Taschenrechner **61, 63**
calendar ['kæləndə] der Kalender **119, 120**
to be called [tə bi: 'kɔ:ld] heißen **8**
camel ['kæml] das Kamel **105, 106**
camera ['kæmərə] der Fotoapparat **126, 128**
can [kæn] können **17, 63**
candle ['kændl] die Kerze **135, 137**
candyfloss (BE) ['kændɪflɒs] die Zuckerwatte **113, 114**
cap [kæp] die Mütze **46**
car [kɑ:] das Auto **92**
carousel [ˌkærə'sel] das Karussell **113, 114**
carpet ['kɑ:pɪt] der Teppich **17**
carrot ['kærət] die Karotte **86**
to carry [tə 'kærɪ] tragen **78**
cassette [kə'set] die Kassette **24**
castle ['kɑ:sl] das Schloss, die Burg **128**
cat [kæt] die Katze, der Kater **7, 8**
to catch [tə 'kætʃ] fangen **72**
cauliflower ['kɒlɪˌflaʊə] der Blumenkohl **85, 86**
cave [keɪv] die Höhle **128**
CD [ˌsi:'di:] die CD **24**
CD player [ˌsi:'di:ˌpleɪə] der CD-Spieler **24**
to celebrate [tə 'seləbreɪt] feiern **142**
cellar ['selə] der Keller **17**
chair [tʃeə] der Stuhl **23, 24**
chalk [tʃɔ:k] die Kreide **63**
cheap [tʃi:p] billig **151**
checkout ['tʃekaʊt] die (Supermarkt-) Kasse **86**
cheese [tʃi:z] der Käse **76, 78**
chemist's ['kemɪsts] die Apotheke **93**
chest [tʃest] die Brust **31**
chick [tʃɪk] das Küken **100**
chicken ['tʃɪkɪn] das Huhn **98, 100**
child [tʃaɪld] das Kind **9**
children ['tʃɪldrən] die Kinder **9**
chimney ['tʃɪmnɪ] der Schornstein **15, 17**
chin [tʃɪn] das Kinn **31**
chocolate ['tʃɒklət] die Schokolade **76, 78**
Christmas ['krɪsməs] Weihnachten **142**
Christmas card ['krɪsməs‿kɑ:d] die Weihnachtskarte **142**
Christmas carol ['krɪsməsˌkærəl] das Weihnachtslied **142**

Christmas cracker ['krɪsməsˌkrækə] das Knallbonbon **140, 142**
Christmas Day [ˌkrɪsməs'deɪ] der erste Weihnachtsfeiertag **143**
Christmas Eve [ˌkrɪsməs'i:v] Heiligabend **143**
Christmas pudding [ˌkrɪsməs'pʊdɪŋ] der Plumpudding **141, 143**
Christmas tree ['krɪsməs‿tri:] der Weihnachtsbaum **140, 143**
church [tʃɜ:tʃ] die Kirche **93**
cinema (BE) ['sɪnəmə] das Kino **93**
circle ['sɜ:kl] der Kreis **153**
classroom ['klɑ:sru:m] das Klassenzimmer **63**
clean [kli:n] sauber **150**
clever ['klevə] schlau, klug **39**
to climb [tə 'klaɪm] klettern **9**
clock [klɒk] die Uhr **52, 55**
to close [tə 'kləʊz] zumachen, schließen **106**
closed [kləʊzd] geschlossen **86**
clothes [kləʊðz] die Kleidung **47**
clothes hanger ['kləʊðzˌhæŋə] der Kleiderbügel **44, 47**
cloud [klaʊd] die Wolke **118, 120**
cloudy ['klaʊdɪ] bewölkt **120**
clown [klaʊn] der Clown **112, 114**
coat [kəʊt] der Mantel **47**
coca cola (coke®) ['kəʊkə 'kəʊlə/kəʊk] die Cola **137**
cockerel ['kɒkərəl] der junge Hahn **99, 101**
coffee ['kɒfɪ] der Kaffee **79**
cold [kəʊld] kalt **31, 120**
cold [kəʊld] die Erkältung **31, 120**
to be cold [tə bi: 'kəʊld] frieren **120**
to collect [tə kə'lekt] sammeln **72**
colours ['kʌləz] die Farben **152**
to come [tə 'kʌm] kommen **55**
to come from [tə 'kʌm‿frɒm] kommen aus **9**
comic ['kɒmɪk] das Comicheft **24**
computer [kəm'pju:tə] der Computer **25**
computer game [kəm'pju:tə‿geɪm] das Computerspiel **25**
to cook [tə 'kʊk] kochen **72**
corn [kɔ:n] der Mais **101**
corner ['kɔ:nə] die Ecke **93**
cough [kɒf] der Husten **31**
countryside ['kʌntrɪsaɪd] das Land, die Landschaft **17, 101**
cousin ['kʌzn] der Cousin, die Cousine **9**
cow [kaʊ] die Kuh **99, 101**
cowboy ['kaʊbɔɪ] der Cowboy **113, 115**
crab [kræb] die Krabbe **126, 128**
cream [kri:m] die Sahne **79**
crisps (BE) [krɪsps] die Chips **77, 79**
crocodile ['krɒkədaɪl] das Krokodil **105, 106**
crown [kraʊn] die Krone **53, 55**
to cry [tə 'kraɪ] weinen **39**
cup [kʌp] die Tasse **135, 137**
cupboard ['kʌbəd] der Schrank **79**
curly ['kɜ:lɪ] lockig **31**
curtain ['kɜ:tn] der Vorhang **14, 17**
customer ['kʌstəmə] der Kunde, die Kundin **86**
to cut [tə 'kʌt] schneiden **63**

D

Dad [dæd] Papa **9**
daffodils ['dæfədɪlz] die Osterglocken **120**
daisy ['deɪzɪ] das Gänseblümchen **119, 120**
to dance [tə 'dɑ:ns] tanzen **72**
dangerous ['deɪndʒərəz] gefährlich **106**
dark [dɑ:k] dunkel **55**
dark blue [ˌdɑ:k 'blu:] dunkelblau **148, 152**
daughter ['dɔ:tə] die Tochter **9**
day [deɪ] der Tag **55**
December [dɪ'sembə] Dezember **125**
to decorate [tə 'dekəreɪt] schmücken **143**
dentist ['dentɪst] der Zahnarzt, die Zahnärztin **37, 39**
desk [desk] der Schreibtisch **25**
dessert [dɪ'zɜ:t] die Nachspeise **143**
diary ['daɪərɪ] das Tagebuch **120**
dice [daɪs] der Würfel **22, 25**
dictionary ['dɪkʃənrɪ] das Lexikon, das Wörterbuch **61, 63**
difficult ['dɪfɪklt] schwierig **150**
dining room ['daɪnɪŋ‿ru:m] das Esszimmer **17**
dinner (evening) ['dɪnə] das Abendessen **53, 55**
dinosaur ['daɪnəsɔ:] der Dinosaurier **25**
dirty ['dɜ:tɪ] schmutzig, dreckig **31, 150**
to do [tə 'du:] tun, machen **55**
to do the gardening [tə 'du: ðə 'gɑ:dnɪŋ] im Garten arbeiten **72**
doctor ['dɒktə] der Arzt, die Ärztin **28, 31**
dog [dɒg] der Hund **7, 9**
dog food ['dɒgfu:d] das Hundefutter **79**
doll [dɒl] die Puppe **22, 25**
dolphin ['dɒlfɪn] der Delfin **127**
door [dɔ:] die Tür **18**

down [daʊn] hinunter **153**
downstairs [ˌdaʊn'steəz] unten **18**
dragon ['drægən] der Drache (Fabelwesen) **70, 72**
to draw [tə 'drɔː] zeichnen, malen **72**
to dream [tə 'driːm] träumen **107**
dress [dres] das Kleid **47**
to dress up [tə ˌdres'ʌp] sich verkleiden **120**
dressing gown ['dresɪŋ‿gaʊn] der Bademantel, der Morgenmantel **47**
drink [drɪŋk] das Getränk **79**
to drink [tə 'drɪŋk] trinken **79**
to drive [tə 'draɪv] fahren **93**
drum [drʌm] die Trommel **143**
dry [draɪ] trocken **150**
duck [dʌk] die Ente **99, 101**

E

ear [ɪə] das Ohr **28, 31**
earache ['ɪəreɪk] die Ohrenschmerzen **31**
early ['ɜːlɪ] früh **39**
Easter ['iːstə] Ostern **120**
Easter bunny ['iːstəˌbʌnɪ] der Osterhase **119, 121**
Easter egg ['iːstər‿eg] das Osterei **119, 121**
easy ['iːzɪ] einfach, leicht **150**
to eat [tʊ 'iːt] essen **73**
egg [eg] das Ei **76, 79**
eight [eɪt] acht **152**
eighteen [ˌeɪ'tiːn] achtzehn **152**
eighty ['eɪtɪ] achtzig **152**
elbow ['elbəʊ] der Ellenbogen **28, 31**
elephant ['elɪfənt] der Elefant **104, 107**
eleven [ɪ'levn] elf **152**
empty ['emptɪ] leer **151**
England ['ɪŋglənd] England **9**
English ['ɪŋglɪʃ] Englisch **9**
to enjoy [tə ɪn'dʒɔɪ] genießen **129**
entrance ['entrəns] der Eingang **86**
evening ['iːvnɪŋ] der Abend **55**
every ['evrɪ] jeden **93**
everywhere ['evrɪweə] überall **47**
excellent ['eksələnt] hervorragend, ausgezeichnet **39**
excuse me [ɪk'skjuːz‿mɪ] Entschuldigung! **107**
expensive [ɪk'spensɪv] teuer **151**
eye [aɪ] das Auge **32**
eyebrow ['aɪbraʊ] die Augenbraue **32**

F

face [feɪs] das Gesicht **32**
fairground ['feəgraʊnd] der Rummelplatz **115**
fairy ['feərɪ] die Fee **73**
to fall [tə 'fɔːl] fallen **101**
to fall down [tə ˌfɔːl'daʊn] hinfallen **32**
family ['fæmlɪ] die Familie **9**
famous ['feɪməs] berühmt **39**
farm [fɑːm] der Bauernhof **101**
farmer ['fɑːmə] der Bauer, die Bäuerin **101**
fast [fɑːst] schnell **150**
fat [fæt] dick **150**
father ['fɑːðə] der Vater **6, 10**
Father Christmas (BE) ['fɑːðə'krɪsməs] der Weihnachtsmann **144**
favourite ['feɪvrət] Lieblings- **63**
February ['februərɪ] Februar **125**
to feed [tə 'fiːd] füttern **107**
to feel [tə 'fiːl] fühlen **32**
feet [fiːt] die Füße **32**
felt tip pen [ˌfelt‿tɪp'pen] der Filzstift **60, 63**
fence [fens] der Zaun **98, 101**
field [fiːld] das Feld **101**
fifteen [ˌfɪf'tiːn] fünfzehn **152**
fifty ['fɪftɪ] fünfzig **152**
fine [faɪn] gut **10**
finger ['fɪŋgə] der Finger **32**
fire ['faɪə] das Feuer **144**
fire engine (BE) ['faɪərˌendʒɪn] das Feuerwehrauto **91, 93**
fireplace ['faɪəpleɪs] der Kamin **140, 144**
fireworks ['faɪəwɜːks] das Feuerwerk **121**
first [fɜːst] erste **115**
fish [fɪʃ] der Fisch **84, 87**
fishing [fɪʃɪŋ] fischen **107**
five [faɪv] fünf **152**
flag [flæg] die Fahne, die Flagge **126, 129**
flat (BE) [flæt] die Wohnung **18**
floor [flɔː] der Boden, Fußboden **25**
flour ['flaʊə] das Mehl **79**
flower ['flaʊə] die Blume **15, 18**
to fly [tə 'flaɪ] fliegen **129**
fog [fɒg] der Nebel **121**
food [fuːd] das Lebensmittel **79**
foot [fʊt] der Fuß **28, 32**
football ['fʊtbɔːl] Fußball **71, 73**
forest ['fɒrɪst] der Wald **71, 73, 129**
to forget [tə fə'get] vergessen **121**
fork [fɔːk] die Gabel **134, 137**
forty ['fɔːtɪ] vierzig **152**
fountain ['faʊntɪn] der Brunnen **90, 93**
four [fɔː] vier **152**
fourteen [ˌfɔː'tiːn] vierzehn **152**
fox [fɒks] der Fuchs **98, 102**
France [frɑːns] Frankreich **129**
French [frentʃ] Französisch **63**
Friday ['fraɪdeɪ] Freitag **125**
fridge [frɪdʒ] der Kühlschrank **80**
friend [frend] der Freund, die Freundin **6, 10**
friendly [frendlɪ] freundlich **39**

frog [frɒg] der Frosch **98, 102**
from [frɒm] von **153**
front door [ˌfrʌnt'dɔ:] die Haustür **18**
frozen foods [ˌfrəʊzn'fu:dz] die Tiefkühlkost **87**
fruit [fru:t] das Obst **80, 87**
full [fʊl] voll **151**
fun [fʌn] der Spaß **39**
to have fun [tə hæv 'fʌn] Spaß haben **115**
fur [fɜ:] das Fell **107**

G

game [geɪm] das Spiel **22, 25**
garage ['gærɑ:ʒ] die Garage **18**
garden ['gɑ:dn] der Garten **18**
geography [dʒɪ'ɒgrəfɪ] Erdkunde **64**
German ['dʒɜ:mən] Deutsch **10**
to get [tə 'get] bekommen **137**
to get on [tə ˌget'ɒn] einsteigen **93**
to get up [tə ˌget'ʌp] aufstehen **53, 55**
ghost [gəʊst] das Gespenst, der Geist **112, 115**
ghost train ['gəʊst‿treɪn] die Geisterbahn **115**
giant ['dʒaɪənt] der Riese **70, 73**
giraffe [dʒɪ'rɑ:f] die Giraffe **104, 107**
girl [gɜ:l] das Mädchen **6, 10**
to give [tə 'gɪv] geben, schenken **137**
glass [glɑ:s] das Glas **134, 137**
glasses ['glɑ:sɪz] die Brille **7, 10**
globe [gləʊb] der Globus **61, 64**
gloves [glʌvz] die Handschuhe **44, 47**
glue [glu:] der Klebstoff **60, 64**
to go [tə 'gəʊ] gehen **115**
to go on holiday (BE) [tə ˌgəʊ ɒn 'hɒlədeɪ] in Urlaub fahren **129**
to go shopping (BE) [tə ˌgəʊ 'ʃɒpɪŋ] einkaufen gehen **87**
goal [gəʊl] das Fußballtor **73**
goal keeper ['gəʊlˌki:pə] der Torwart **70, 73**
goat [gəʊt] die Ziege **98, 102**
gold ['gəʊldən] golden **144**
good [gʊd] gut **151**
gorilla [gə'rɪlə] der Gorilla **104, 107**
grandfather ['grændˌfɑ:ðə] der Großvater **6, 10**
grandmother ['grænˌmʌðə] die Großmutter **6, 10**
grandparents ['grænˌpeərənts] die Großeltern **10**
grapes [greɪps] die Trauben **80**
grass [grɑ:s] das Gras **18**
great [greɪt] toll **144**
Great Britain [ˌgreɪt'brɪtn] Großbritannien **64**
green [gri:n] grün **148, 152**
green pepper [ˌgri:n 'pepə] die grüne Paprikaschote **80**
grey [greɪ] grau **148, 152**
guitar [gɪ'tɑ:] die Gitarre **70, 73**

H

hair [heə] das Haar **32**
hairbrush ['heəbrʌʃ] die Haarbürste **15, 18**
hall [hɔ:l] der Flur **19**
Halloween [ˌhæləʊ'i:n] Halloween **121**
hamster ['hæmstə] der Hamster **61, 64**
hand [hænd] die Hand **32**
handbag ['hændbæg] die Handtasche **85, 87**
to hang [tə 'hæŋ] hängen **47, 144**
happy ['hæpɪ] glücklich **39**
hard [hɑ:d] hart **151**
hat [hæt] der Hut **48**
to hate [tə 'heɪt] hassen **40**
to have [tə 'hæv] haben **10**
he [hi:] er **153**
head [hed] der Kopf **33**
headache ['hedeɪk] die Kopfschmerzen **33**
to hear [tə 'hɪə] hören **33**
heavy ['hevɪ] schwer **80, 152**
hedgehog ['hedʒhɒg] der Igel **98, 102**
helicopter ['helɪkɒptə] der Hubschrauber **40**
hello [hə'ləʊ] hallo **11**
help [tə 'help] helfen **64**
helter-skelter (BE) [ˌheltə'skeltə] die Riesenrutsche **113, 115**
her [hɜ:] ihr(e) **153**
hi [haɪ] hallo, hi **11**
to hide [tə 'haɪd] sich verstecken **40**
hide and seek [ˌhaɪdn'si:k] das Verstecken **40**
hill [hɪl] der Hügel **102**
hippo ['hɪpəʊ] das Nilpferd **105, 108**
his [hɪz] sein(e) **153**
history ['hɪstrɪ] Geschichte **64**
hobby ['hɒbɪ] das Hobby **73**
to hold [tə 'həʊld] halten **108**
hole [həʊl] das Loch **48**
holiday (BE) ['hɒlədeɪ] der Urlaub **129**
holly ['hɒlɪ] die Stechpalme **141, 144**
homework ['həʊmwɜ:k] die Hausaufgaben **56**
honey ['hʌnɪ] der Honig **80**
horrible ['hɒrəbl] schrecklich, grauenhaft **40**
horse [hɔ:s] das Pferd **99, 102**
hospital ['hɒspɪtl] das Krankenhaus **93**
hot [hɒt] heiß **129**
hot chocolate ['hɒt'tʃɒklət] die heiße Schokolade **80**
hot dog ['hɒtdɒg] der Hotdog **115**

hotel [ˌhəʊ'tel] das Hotel **126, 129**
hour ['aʊə] die Stunde **56**
house [haʊs] das Haus **19**
how [haʊ] wie **153**
how many? [ˌhaʊ 'menɪ] wie viele? **153**
to hug [tə 'hʌg] umarmen **40**
hungry ['hʌŋgrɪ] hungrig **40**
to hurt [tə 'hɜːt] wehtun **33**
husband ['hʌzbənd] der Ehemann **11**

I

I [aɪ] ich **153**
I'm sorry [aɪm 'sɒrɪ] es tut mir leid **38**
ice [aɪs] das Eis **144**
ice cream [ˌaɪs'kriːm] das Eis **134, 137**
ice cream shop (BE) ['aɪskriːm‿ʃɒp] die Eisdiele **130**
to ice-skate [tʊ 'aɪs‿skeɪt] Schlittschuh laufen **71, 73**
idea [aɪ'dɪə] die Idee **130**
ill [ɪl] krank **33**
in [ɪn] in **153**
in front of [ɪn 'frʌnt‿əv] vor **153**
insect ['ɪnsekt] das Insekt **108**
inside [ˌɪn'saɪd] drinnen **153**
interesting ['ɪntrəstɪŋ] interessant **40**
into ['ɪntʊ] in, hinein **153**
invitation [ˌɪnvɪ'teɪʃn] die Einladung **134, 138**
to invite [tʊ ɪn'vaɪt] einladen **138**
is [ɪz] ist **11**
island ['aɪlənd] die Insel **127, 130**
it [ɪt] es **153**
its [ɪts] sein(e) **153**

J

jacket ['dʒækɪt] die Jacke **48**
jam [dʒæm] die Marmelade **80**
January ['dʒænjʊərɪ] Januar **125**
jeans [dʒiːnz] die Jeans **48**
jelly (BE) ['dʒelɪ] der Wackelpudding **134, 138**
jellyfish ['dʒelɪfɪʃ] die Qualle **127, 130**
joke [dʒəʊk] der Witz **40**
juice [dʒuːs] der Saft **80**
July [dʒuː'laɪ] Juli **125**
to jump [tə 'dʒʌmp] hüpfen, springen **115**
jumper ['dʒʌmpə] der Pullover **44, 48**
June [dʒuːn] Juni **125**
jungle ['dʒʌŋgl] der Dschungel **108**

K

kangaroo [ˌkæŋgə'ruː] das Känguru **108**
to keep [tə 'kiːp] halten, behalten **130**
key [kiː] der Schlüssel **15, 19**
keyboard ['kiːbɔːd] die Tastatur **22, 26**
king [kɪŋ] der König **52, 56**
to kiss [tə 'kɪs] küssen **145**
kitchen ['kɪtʃən] die Küche **19**
kite [kaɪt] der Drache **118, 121**
knee [niː] das Knie **29, 33**
knife [naɪf] das Messer **134, 138**
knight [naɪt] der Ritter **74**
to know [tə 'nəʊ] wissen, kennen **64**

L

ladder ['lædə] die Leiter **14, 19**
lamb [læm] das Lamm **99, 102**
lamp [læmp] die Lampe **23, 26**
language ['læŋgwɪdʒ] die Sprache **65**
last [lɑːst] letzte **116**
late [leɪt] spät **40**
to laugh [tə 'lɑːf] lachen **36, 41**
leaf [liːf] das Blatt **104, 108**
to learn [tə 'lɜːn] lernen **65**
leaves [liːvz] die Blätter **108**
left [left] links **94**
leg [leg] das Bein **29, 33**
lemon ['lemən] die Zitrone **76, 81**
lemonade [ˌlemə'neɪd] die Limonade **138**
lesson ['lesn] die Unterrichtsstunde **65**
let's [lets] lass uns **108**
letter ['letə] der Brief **94**; der Buchstabe **65**
letterbox (BE) ['letəbɒks] der Briefkasten **90, 94**
lettuce ['letɪs] der Kopfsalat **85, 87**
library ['laɪbrərɪ] die Bücherei **41**
lifeguard ['laɪfgɑːd] der Rettungsschwimmer **127, 130**
light [laɪt] hell, leicht **121, 152**
light blue [ˌlaɪt 'bluː] hellblau **148, 152**
lighthouse ['laɪthaʊs] der Leuchtturm **127, 130**
lightning ['laɪtnɪŋ] der Blitz **118, 121**
to like [tə 'laɪk] mögen **41**
to like doing something [tə ˌlaɪk 'dʊɪŋ sʌmθɪŋ] etwas gern tun **74**
lion ['laɪən] der Löwe **105, 108**
to listen to [tə 'lɪsn‿tʊ] zuhören **74**
to live [tə 'lɪv] wohnen, leben **19**
living room ['lɪvɪŋ‿ruːm] das Wohnzimmer **19**
lizard ['lɪzəd] die Eidechse **108**
long [lɒŋ] lang **150**
to look [tə 'lʊk] aussehen **33**
to look for [tə 'lʊk‿fɔː] suchen **19**

lorry (BE) ['lɒrɪ] der Lastwagen **94**
to lose [tə 'luːz] verlieren **48**
lots of ['lɒts ɒv] viele, eine Menge **145**
loud [laʊd] laut **151**
to love [tə 'lʌv] lieben **41**
lovely ['lʌvlɪ] schön **41**
lunch [lʌntʃ] das Mittagessen **57**
lunch break ['lʌntʃ‿breɪk] die Mittagspause **57**

M

magazine [ˌmægə'ziːn] die Zeitschrift **87**
magic [ˌmædʒɪk] Zauber- **116**
magic wand ['mædʒɪk 'wɒnd] der Zauberstab **113, 116**
magician [mə'dʒɪʃn] der Zauberer **113, 116**
to make [tə 'meɪk] machen **65**
to make a wish [tə ˌmeɪk ə 'wɪʃ] sich etwas wünschen **138**
man [mæn] der Mann **11**
map [mæp] die Landkarte **61, 65**
March [mɑːtʃ] März **125**
market stall ['mɑːkɪtstɔːl] der Marktstand **91, 94**
maths (BE) [mæθs] Mathematik **65**
May [meɪ] Mai **125**
maybe ['meɪbiː] vielleicht **153**
meat [miːt] das Fleisch **88**
medicine ['medsn] die Medizin, das Medikament **28, 33**
melon ['melən] die Melone **81**
mess [mes] die Unordnung **48**
mice [maɪs] die Mäuse **102**
microwave ['maɪkrəweɪv] die Mikrowelle **81**
middle ['mɪdl] die Mitte **145**
midnight ['mɪdnaɪt] Mitternacht **57**
milk [mɪlk] die Milch **81**
mine [maɪn] mein(e) **153**
minute ['mɪnɪt] die Minute **57**
mirror ['mɪrə] der Spiegel **29, 34**
mistake [mɪ'steɪk] der Fehler **65**
mistletoe ['mɪsltəʊ] der Mistelzweig **140, 145**
mobile phone (BE) [ˌməʊbaɪl'fəʊn] das Handy **23, 26**
Monday ['mʌndeɪ] Montag **125**
money ['mʌnɪ] das Geld **85, 88**
monkey ['mʌŋkɪ] der Affe **104, 109**
monster ['mɒnstə] das Monster **112, 116**
month [mʌnθ] der Monat **122**
moon [muːn] der Mond **52, 57**
morning ['mɔːnɪŋ] der Morgen, der Vormittag **57**
mother ['mʌðə] die Mutter **7, 11**
motorbike ['məʊtəbaɪk] das Motorrad **90**
mouse [maʊs] die Maus **99, 102**
mouse pad ['maʊs‿pæd] das Mauspad **26**
moustache [mə'stɑːʃ] der Schnurrbart **34**
mouth [maʊθ] der Mund **28, 34**
muddy ['mʌdɪ] schmutzig, schlammig **102**
muesli ['mjuːzlɪ] das Müsli **81**
mum [mʌm] Mama **11**
mummy ['mʌmɪ] die Mumie **118, 122**
museum [mjuː'ziːəm] das Museum **94**
music ['mjuːzɪk] die Musik **74**
my [maɪ] mein(e) **11**

N

name [neɪm] der Name **11**
neck [nek] der Hals **34**
necklace ['nekləs] die Halskette **45, 48**
to need [tə 'niːd] brauchen **88**
neighbour ['neɪbə] der Nachbar, die Nachbarin **19**
nest [nest] das Nest **103**
new [njuː] neu **151**
New Year's Eve [ˌnjuːjɪəz'iːv] Silvester **122**
next [nekst] nächste(s) **116**
next to ['nekst‿tʊ] neben **153**
nice [naɪs] nett **81**
night [naɪt] die Nacht **57**
nine [naɪn] neun **152**
nineteen [ˌnaɪn'tiːn] neunzehn **152**
ninety ['naɪntɪ] neunzig **152**
noisy ['nɔɪzɪ] laut **41**
nose [nəʊz] die Nase **28, 34**
to not feel well [tə ˌnɒt 'fiːl wel] sich unwohl fühlen **41**
nothing ['nʌθɪŋ] nichts **41**
November [nəʊ'vembə] November **125**
numbers ['nʌmbəz] die Zahlen **152**
nut [nʌt] die Nuss **77, 81**

O

o'clock [ə'klɒk] ... Uhr **122**
October [ɒk'təʊbə] Oktober **125**
of [ɒv] von **153**
of course [əf'kɔːs] natürlich **109**
off [ɒf] ab, aus **153**
old [əʊld] alt **151**
on [ɒn] auf **153**
one [wʌn] eins **152**
(one) hundred [ˌwʌn'hʌndrəd] (ein)hundert **152**
onion ['ʌnjən] die Zwiebel **85, 88**
open ['əʊpən] geöffnet **88**

to open [tə 'əʊpən] aufmachen, öffnen **145**
opposite ['ɒpəzɪt] gegenüber **153**
opposites ['ɒpəzɪts] die Gegensätze **150**
or [ɔ:] oder **153**
orange ['ɒrɪndʒ] orange **149, 152**
orange ['ɒrɪndʒ] die Orange **76, 81**
orange juice ['ɒrɪndʒ‿dʒu:s] der Orangensaft **81**
ouch [aʊtʃ] autsch, aua **34**
our ['aʊə] unser(e) **153**
outside [ˌaʊt'saɪd] draußen **153**
over ['əʊvə] über **153**
owl [aʊl] die Eule **99, 103**

P

page [peɪdʒ] die Seite **65**
to paint [tə 'peɪnt] malen **65**
paintbrush ['peɪntbrʌʃ] der Pinsel **60, 66**
pair [peə] das Paar **48**
pancake ['pænkeɪk] der Pfannkuchen **37, 41**
panda ['pændə] der Panda **109**
paper ['peɪpə] das Papier **66**
paper hat ['peɪpə‿hæt] der Papierhut **141, 145**
pardon? ['pɑ:dn] Wie bitte? **109**
parents ['peərənts] die Eltern **11**
park [pɑ:k] der Park **94**
parrot ['pærət] der Papagei **109**
pavement ['peɪvmənt] der Bürgersteig **94**
paw [pɔ:] die Pfote **109**
to pay [tə 'peɪ] bezahlen **88**
pea [pi:] die Erbse **145**
peacock ['pi:kɒk] der Pfau **105, 109**
peanut butter [ˌpi:nʌt 'bʌtə] die Erdnussbutter **81**
pear [peə] die Birne **76, 82**
pen [pen] der Stift **61, 66**
pencil ['pensl] der Bleistift **61, 66**
pencil case ['pensl‿keɪs] das Mäppchen **60, 66**
pencil sharpener ['penslʃɑ:pnə] der Bleistiftspitzer **60, 66**
penguin ['peŋgwɪn] der Pinguin **105, 109**
people ['pi:pl] die Menschen, die Leute **116**
pepper ['pepə] der Pfeffer **145**
pet [pet] das Haustier **11**
petrol (BE) ['petrəl] das Benzin **95**
petrol station (BE) ['petrəlˌsteɪʃn] die Tankstelle **95**
photo ['fəʊtəʊ] das Foto **12**
to take photos [tə 'teɪk 'fəʊtəʊz] fotografieren **133**
piano [pɪ'ænəʊ] das Klavier **71, 74**
to pick up [tə ˌpɪk'ʌp] aufheben **116**
picnic ['pɪknɪk] das Picknick **130**
pig [pɪg] das Schwein **98, 103**
piggy bank ['pɪgɪbæŋk] das Sparschwein **23, 26**
pillow ['pɪləʊ] das Kopfkissen **26**
pilot ['paɪlət] der Pilot **12**
pineapple ['paɪnæpl] die Ananas **82**
pink [pɪŋk] rosa **149, 152**
pirate ['paɪrət] der Pirat **130**
pizza ['pi:tsə] die Pizza **82**
plane (aeroplane (BE)**)** [pleɪn] das Fleugzeug **131**
plaster (BE) ['plɑ:stə] das Pflaster **29, 34**
plastic ['plæstɪk] das Plastik **88**
plate [pleɪt] der Teller **135, 138**
to play [tə 'pleɪ] spielen **74**
playground ['pleɪgraʊnd] der Spielplatz **95**
please [pli:z] bitte **138**
pocket ['pɒkɪt] die (Hosen)tasche **48**
polar bear [ˌpəʊlə'beə] der Eisbär **104, 109**
police officer [pə'li:sˌɒfɪsə] der Polizist, die Polizistin **95**
pond [pɒnd] der Teich **95**
poor [pʊə] arm **152**
post office ['pəʊstˌɒfɪs] das Postamt **95**
postcard ['pəʊst‿kɑ:d] die Postkarte **126**
poster ['pəʊstə] das Poster **23, 26**
potato [pə'teɪtəʊ] die Kartoffel **85, 88**
to prefer [prɪ'fɜ:] lieber mögen **146**
present ['preznt] das Geschenk **141, 146**
prince [prɪns] der Prinz **74**
princess [prɪn'ses] die Prinzessin **74**
prize [praɪz] der Preis **116**
problem ['prɒbləm] das Problem **49**
puddle ['pʌdl] die Pfütze **122**
to pull [tə 'pʊl] ziehen **146**
pumpkin ['pʌmpkɪn] der Kürbis **118, 122**
pupil ['pju:pl] der Schüler, die Schülerin **66**
purple ['pɜ:pl] lila **149, 152**
purse (BE) [pɜ:s] der Geldbeutel **84, 88**
to push [tə 'pʊʃ] drücken, schieben **89**
to put [tə 'pʊt] stellen, setzen, legen **131**
to put away [tə ˌpʊt‿ə'weɪ] wegräumen **82**
pyjamas [pə'dʒɑ:məz] der Schlafanzug **45, 49**

Q

queen [kwi:n] die Königin **52, 57**
question ['kwestʃən] die Frage **66**

queue (BE) [kjuː] die Menschenschlange **116**
quiet ['kwaɪət] ruhig, still, leise **95, 151**

R

rabbit ['ræbɪt] das Kaninchen **99, 103**
race [reɪs] das Wettrennen **110**
radio ['reɪdɪəʊ] das Radio **23, 26**
rain [reɪn] der Regen **119, 122**
to rain [tə 'reɪn] regnen **122**
rainbow ['reɪnbəʊ] der Regenbogen **118, 122**
raincoat ['reɪnkəʊt] der Regenmantel **122**
raspberry ['rɑːzbərɪ] die Himbeere **82**
to read [tə 'riːd] lesen **12**
ready ['redɪ] bereit **110**
rectangle ['rektæŋgl] das Rechteck **153**
red [red] rot **149, 152**
reindeer ['reɪnˌdɪə] das Rentier **140, 146**
to relax [tə rɪ'læks] sich entspannen **131**
restaurant ['restərɒnt] das Restaurant **95**
rice [raɪs] der Reis **82**
rich [rɪtʃ] reich **152**
to ride [tə 'raɪd] reiten **110**
to ride a bike [tə ˌraɪd ə 'baɪk] Rad fahren **70, 74**
right [raɪt] rechts **95**
right [raɪt] richtig **151**
to ring [tə 'rɪŋ] klingeln **66**
river ['rɪvə] der Fluss **90, 95**
to roar [tə 'rɔː] brüllen **110**
to roast [tə 'rəʊst] braten **146**
robin ['rɒbɪn] das Rotkehlchen **141, 146**
rock [rɒk] der Fels **131**
roll [rəʊl] das Brötchen **82**
roller coaster ['rəʊləˌkəʊstə] die Achterbahn **112, 117**
rollerblades ['rəʊləˌbleɪdz] die Inliner **26**
roof [ruːf] das Dach **19**
room [ruːm] das Zimmer **26**
rose [rəʊz] die Rose **15, 20**
round [raʊnd] herum **153**
rubber (BE) ['rʌbə] der Radiergummi **67**
rucksack (BE) ['rʌksæk] der Rucksack **49**
ruler ['ruːlə] das Lineal **61, 67**
to run [tə 'rʌn] laufen **71, 74**

S

sack [sæk] der Sack **103**
sad [sæd] traurig **36, 41**
salad ['sæləd] der Salat **82**
salt [sɔːlt] das Salz **146**
sand [sænd] der Sand **131**
sandal ['sændl] die Sandale **49**
sandcastle ['sændˌkɑːsl] die Sandburg **126, 131**
sandwich ['sænwɪdʒ] das Brot **131**
Santa Claus (AE) ['sæntəklɔːz] der Weihnachtsmann **146**
Saturday ['sætədeɪ] Samstag **125**
sausage ['sɒsɪdʒ] das Würstchen **135, 139**
to say [tə 'seɪ] sagen **147**
scarecrow ['skeəkrəʊ] die Vogelscheuche **99, 103**
to be scared of [tə biː 'skeəd ɒv] Angst haben vor **38**
scarf [skɑːf] der Schal **44, 49**
school [skuːl] die Schule **67**
school holidays (BE) ['skuːlˌhɒlədeɪz] die Schulferien **123**
school playground ['skuːlˌpleɪgraʊnd] der Schulhof **67**
scissors ['sɪzəz] die Schere **61, 67**
to scratch [skrætʃ] kratzen **34**
sea [siː] das Meer **131**
seagull ['siːgʌl] die Möwe **127, 131**
seahorse ['siːhɔːs] das Seepferdchen **132**
seal [siːl] der Seehund **105, 110**
seashell ['siːʃel] die Muschel **127, 132**
season ['siːzn] die Jahreszeit **123**
to see [tə 'siː] sehen **34**
to sell [tə 'sel] verkaufen **96**
September [sep'tembə] September **125**
serviette (BE) [ˌsɜːvɪ'et] die Serviette **139**
seven [sevn] sieben **152**
seventeen [ˌsevn'tiːn] siebzehn **152**
seventy ['sevntɪ] siebzig **152**
shall [ʃæl] soll **49**
shampoo [ʃæm'puː] das Shampoo **15, 20**
shapes [ʃeɪps] die Formen **153**
shark [ʃɑːk] der Hai **132**
she [ʃiː] sie **153**
shed [ʃed] der Schuppen **20**
sheep [ʃiːp] das Schaf **98, 103**
shelf [ʃelf] das Regal **27**
shiny ['ʃaɪnɪ] glänzend **147**
ship [ʃɪp] das Schiff **127, 132**
shirt [ʃɜːt] das Hemd **49**
shoe [ʃuː] der Schuh **45, 49**
shop [ʃɒp] der Laden **96**
shop assistant ['ʃɒp‿əˌsɪstənt] der Verkäufer, die Verkäuferin **89**
shopping bag ['ʃɒpɪŋ‿bæg] die Einkaufstüte **82**
shopping list ['ʃɒpɪŋ‿lɪst] die Einkaufsliste **84, 89**
short [ʃɔːt] kurz **150**
shorts [ʃɔːts] die Shorts, die kurze Hose **49**
shoulder ['ʃəʊldə] die Schulter **34**
show [ʃəʊ] die Vorstellung **117**
to have a shower [tə ˌhæv ə 'ʃaʊə] duschen **56**
shower ['ʃaʊə] die Dusche **20**
sign [saɪn] das Schild **96**
sign post ['saɪnpəʊst] der Wegweiser **110**

silver ['sɪlvə] silber **147**
to sing [tə 'sɪŋ] singen **71, 75**
sink [sɪŋk] das Waschbecken **20**
sister ['sɪstə] die Schwester **12**
to sit [tə 'sɪt] sitzen **27**
to sit down [tə ˌsɪt'daʊn] sich hinsetzen **67**
six [sɪks] sechs **152**
sixteen [ˌsɪks'tiːn] sechzehn **152**
sixty ['sɪkstɪ] sechzig **152**
skiing ['skiːɪŋ] Ski laufen **123**
to skip [tə 'skɪp] seilhüpfen **70, 75**
skirt [skɜːt] der Rock **50**
sky [skaɪ] der Himmel **123**
to sleep [tə 'sliːp] schlafen **53, 58**
sleeping bag ['sliːpɪŋ‿bæg] der Schlafsack **36, 42**
sleigh [sleɪ] der Schlitten **140, 147**
to slide [tə 'slaɪd] rutschen **117**
slipper ['slɪpə] der Hausschuh **45, 50**
slow [sləʊ] langsam **151**
small [smɔːl] klein **150**
smell [smel] Geruch **42**
to smell [tə 'smel] riechen **42**
to smile [tə 'smaɪl] lächeln **42**
snake [sneɪk] die Schlange **105, 110**
to sneeze [tə 'sniːz] niesen **35**
snow [snəʊ] der Schnee **147**
snowball ['snəʊbɔːl] der Schneeball **123**
snowboard ['snəʊbɔːd] das Snowboard **123**
snowflake ['snəʊfleɪk] die Schneeflocke **123**
snowman ['snəʊmæn] der Schneemann **141, 147**
soap [səʊp] die Seife **15, 20**
sock [sɒk] die Socke **44, 50**
sofa ['səʊfə] das Sofa **20**
soft [sɒft] weich **151**
something ['sʌmθɪŋ] etwas **42**
sometimes ['sʌmtaɪmz] manchmal **27**
son [sʌn] der Sohn **12**
sore throat ['sɔː 'θrəʊt] die Halsschmerzen **35**
soup [suːp] die Suppe **82**
sour ['saʊə] sauer **150**
spade [speɪd] die Schaufel **126, 132**
spaghetti [spə'getɪ] die Spaghetti **77, 83**
to speak [tə 'spiːk] sprechen **12**
spider ['spaɪdə] die Spinne **14, 20**
to splash [tə 'splæʃ] spritzen **123**
spoon [spuːn] der Löffel **135, 139**
spring [sprɪŋ] der Frühling **125**
square [skweə] das Quadrat **153**
squirrel ['skwɪrəl] das Eichhörnchen **14, 20**
stairs [steəz] die Treppe **20**
stamp [stæmp] die Briefmarke **96**
star [stɑː] der Stern **52, 58**
starfish ['stɑːfɪʃ] der Seestern **127, 132**
station ['steɪʃn] der Bahnhof **96**
to stay [tə 'steɪ] wohnen **132**
to steal [tə 'stiːl] stehlen **50**
steps [steps] die Treppe **132**
sticky ['stɪkɪ] klebrig **117**
stocking ['stɒkɪŋ] der Strumpf **141, 147**
stone [stəʊn] der Stein **132**
to stop [tə 'stɒp] anhalten **96**
storm [stɔːm] der Sturm **123**
story ['stɔːrɪ] die Geschichte **75**
straight [streɪt] glatt **35**
strawberry ['strɔːberɪ] die Erdbeere **77, 83**
street [striːt] die Straße **96**
stripy ['straɪpɪ] gestreift **50**
subject ['sʌbdʒekt] das Fach **67**
sugar ['ʃʊgə] der Zucker **83**
suitcase ['suːtkeɪs] der Koffer **126, 133**
summer ['sʌmə] der Sommer **125**
sun [sʌn] die Sonne **123**
Sunday ['sʌndeɪ] Sonntag **125**
sunflower ['sʌnflaʊə] die Sonnenblume **118, 124**
sunglasses ['sʌnˌglɑːsɪz] die Sonnenbrille **126, 133**
sunny ['sʌnɪ] sonnig **124**
suntan lotion ['sʌntænˌləʊʃn] die Sonnencreme **133**
supermarket ['suːpəˌmɑːkɪt] der Supermarkt **89**
surfboard ['sɜːfbɔːd] Surfbrett **133**
sweet (BE) [swiːt] der Bonbon **77, 83, 150**
sweet [swiːt] süß **77, 83, 150**
to swim [tə 'swɪm] schwimmen **133**
swimming costume (BE) ['swɪmɪŋˌkɒstjuːm] der Badeanzug **133**
swimming pool ['swɪmɪŋ‿pul] das Schwimmbad **96**
swimming trunks ['swɪmɪŋ‿trʌŋks] die Badehose **133**
swing [swɪŋ] die Schaukel **91, 96**
sword [sɔːd] das Schwert **71, 75**

T

table ['teɪbl] der Tisch **139**
tablecloth ['teɪblklɒθ] das Tischtuch **139**
to take [tə 'teɪk] nehmen **67**
to talk [tə 'tɔːk] sprechen **35**
tap (BE) [tæp] der Wasserhahn **15, 21**
to taste [tə 'teɪst] schmecken **42**
taxi ['tæksɪ] das Taxi **96**

tea [tiː] der Tee **83**
to teach [tə 'tiːtʃ] unterrichten **67**
teacher ['tiːtʃə] der Lehrer, die Lehrerin **67**
team [tiːm] die Mannschaft **75**
teddy bear ['tedɪ‿beə] der Teddybär **27**
teeth [tiːθ] die Zähne **52, 58**
telephone ['telɪfəʊn] das Telefon **21**
telephone box (BE) ['telɪfəʊn‿bɒks] die Telefonzelle **90, 97**
television ['telɪˌvɪʒn] der Fernseher **14, 21**
to tell [tə 'tel] erzählen **42**
ten [ten] zehn **152**
tennis ['tenɪs] das Tennis **75**
tennis ball ['tenɪs‿bɔːl] der Tennisball **27**
tennis player ['tenɪsˌpleɪə] der Tennisspieler, die Tennisspielerin **70, 75**
tennis racket ['tenɪsˌrækɪt] der Tennisschläger **22, 27**
tent [tent] das Zelt **36, 42**
test [test] die Klassenarbeit **68**
thank you ['θæŋk‿jʊ] Danke schön **139**
their [ðeə] ihr(e) **153**
they [ðeɪ] sie **153**
thin [θɪn] dünn **150**
thing [θɪŋ] das Ding **43**
to think [tə 'θɪŋk] denken, glauben, meinen **89**
thirsty ['θɜːstɪ] durstig **43**
thirteen [ˌθɜː'tiːn] dreizehn **152**
thirty ['θɜːtɪ] dreißig **152**
this [ðɪs] dies **12**
three [θriː] drei **152**
through [θruː] durch **153**
to throw [tə 'θrəʊ] werfen **75**
thumb [θʌm] der Daumen **29, 35**
thunderstorm ['θʌndəstɔːm] das Gewitter **124**
Thursday ['θɜːzdeɪ] Donnerstag **125**
tick [tɪk] der Haken **68**
ticket ['tɪkɪt] die Fahrkarte **112, 117**
to tidy up [tə ˌtaɪdɪ'ʌp] aufräumen **50**
tiger ['taɪgə] der Tiger **110**
tights [taɪts] Strumpfhose **50**
time [taɪm] die Zeit **58, 59**
timetable ['taɪmˌteɪbl] der Stundenplan **68**
tin (BE) [tɪn] die Dose **84, 89**
tired ['taɪəd] müde **43, 58**
to [tʊ/tə] zu **153**
toast [təʊst] der Toast **53, 58**
today [tə'deɪ] heute **125**
toe [təʊ] der Zeh **29, 35**
toilet ['tɔɪlət] die Toilette **21**
toilet paper ['tɔɪlətˌpeɪpə] das Toilettenpapier **14, 21**
tomato [tə'mɑːtəʊ] die Tomate **77, 83**
tomorrow [tə'mɒrəʊ] morgen **125**
tonight [tə'naɪt] heute Abend **58**
too [tuː] auch **12**
too many ['tuː 'menɪ] zu viele **43**
tooth [tuːθ] der Zahn **58**
toothache ['tuːθeɪk] die Zahnschmerzen **35**
toothbrush ['tuːθbrʌʃ] die Zahnbürste **53, 58**
toothpaste ['tuːθpeɪst] die Zahnpasta **53, 58**
tortoise ['tɔːtəs] die Schildkröte **6, 12**
towel ['taʊəl] das Handtuch **21**
town [taʊn] die Stadt **97**
town hall [ˌtaʊn'hɔːl] das Rathaus **97**
toy [tɔɪ] das Spielzeug **27**
tractor ['træktə] der Traktor **103**
traffic ['træfɪk] der Verkehr **97**
traffic lights ['træfɪk‿laɪts] die Ampel **91, 97**
train [treɪn] der Zug **97**
trainers ['treɪnəz] die Turnschuhe **44, 50**
tree [triː] der Baum **21**
tree house ['triː‿haʊs] das Baumhaus **14**
triangle ['traɪæŋgl] das Dreieck **153**
trolley (BE) ['trɒlɪ] der Einkaufswagen **84, 89**
trousers ['traʊzəz] die Hose **45, 51**
trunk [trʌŋk] der Rüssel **110**
to try on [tə ˌtraɪ'ɒn] anprobieren **51**
T-shirt ['tiː‿ʃɜːt] das T-Shirt **51**
Tuesday ['tjuːzdɪ] Dienstag **125**
tummy ['tʌmɪ] der Bauch **35**
twelve [twelv] zwölf **152**
twenty ['twentɪ] zwanzig **152**
twins [twɪnz] die Zwillinge **12**
two [tuː] zwei **152**

U

umbrella [ʌm'brelə] der Regenschirm **119, 124**
uncle ['ʌŋkl] der Onkel **12**
under ['ʌndə] unter **153**
to understand [tə ˌʌndə'stænd] verstehen **110**
underwear ['ʌndəweə] die Unterwäsche **51**
unicorn ['juːnɪkɔːn] das Einhorn **111**
uniform ['juːnɪfɔːm] die Uniform **13**
up [ʌp] hinauf, hoch **153**
upstairs [ˌʌp'steəz] oben **21**
to use [tə 'juːz] benutzen **68**
usually ['juːʒʊəlɪ] gewöhnlich, normalerweise **59**

V

vampire ['væmpaɪə] der Vampir **112, 117**
vegetable ['vedʒtəbl] das Gemüse **89**

very ['verɪ] sehr **139**
very much [ˌverɪ 'mʌtʃ] sehr **43**
village ['vɪlɪdʒ] das Dorf **97**

W

to wait [tə 'weɪt] warten **117**
to wake up [tə ˌweɪk'ʌp] aufwecken, aufwachen **59**
walk [wɔ:k] der Spaziergang **59**
to walk [tə 'wɔ:k] zu Fuß gehen **59**
wall [wɔ:l] die Wand **27**
to want [tə 'wɒnt] wollen **43**
wardrobe ['wɔ:drəʊb] der Kleiderschrank **44, 51**
to wash [tə 'wɒʃ] sich waschen **35**
to wash the dishes [tə ˌwɒʃ ðə 'dɪʃɪz] abspülen **43**
watch [wɒtʃ] die Armbanduhr **45, 51**
to watch [tə 'wɒtʃ] beobachten **103**
to watch TV [tə ˌwɒtʃ ˌti:'vi:] fernsehen **59**
water ['wɔ:tə] das Wasser **83**
watermelon ['wɔ:tə 'melən] die Wassermelone **83**
to wave [tə 'weɪv] winken **68**
we [wi:] wir **153**
to wear [tə 'weə] tragen **51**
weather ['weðə] das Wetter **124**
Wednesday ['wenzdeɪ] Mittwoch **125**
week [wi:k] die Woche **124**
weekend [ˌwi:k'end] das Wochenende **124**
wet [wet] nass **150**
whale [weɪl] der Wal **127, 133**
what [wɒt] was **153**
when [wen] wann **153**
where [weə] wo **153**
which [wɪtʃ] welche(r,-s) **153**
to whisper [tə 'wɪspə] flüstern **68**
to whistle [tə 'wɪsl] pfeifen **75**
white [waɪt] weiß **149, 152**
who [hu:] wer **153**
why [waɪ] warum **153**
wife [waɪf] die Ehefrau **13**
to win [tə 'wɪn] gewinnen **117**
wind [wɪnd] der Wind **124**
window ['wɪndəʊ] das Fenster **27**
winter ['wɪntə] der Winter **125**
witch [wɪtʃ] die Hexe **112, 117**
with [wɪð] mit **59, 153**
woman ['wʊmən] die Frau **13**
words [wɜ:ds] die Wörter **68**
world [wɜ:ld] die Welt **68**
wrapping paper ['ræpɪŋˌpeɪpə] das Geschenkpapier **139**
to write [tə 'raɪt] schreiben **68**
wrong [rɒŋ] falsch **151**

Y

year [jɪə] das Jahr **124**
years old ['jɪəz 'əʊld] Jahre alt **13**
yellow ['jeləʊ] gelb **149, 152**
yesterday ['jestədɪ] gestern **125**
yoghurt ['jɒgət] der Joghurt **83**
you [ju:] du, ich, Sie **153**
your [jɔ:] dein(e), euer(e), Ihre(e) **153**
yuck! [jʌk] Igitt! **111**
yummy ['jʌmɪ] lecker **111**

Z

zebra ['zebrə] das Zebra **111**
zebra crossing [ˌzebrə'krɒsɪŋ] der Zebrastreifen **91, 97**
zoo [zu:] der Zoo **111**
zoo keeper ['zu:ˌki:pə] der Zoowärter **111**

Wörterverzeichnis Deutsch – Englisch

Z

Lautschriftzeichen	Englische Beispielwörter	Wie wird das ausgesprochen?
ʌ	**mum** [mʌm], **butter** ['bʌtə]	sprichst du wie das **a** in M**a**tsch, Qu**a**tsch
ɑː	**father** ['fɑːðə], **after** ['ɑːftə], **bath** [bɑːθ]	diesen langen a-Laut sprichst du wie **ah** in B**ah**n oder **a** in Kr**a**m, Sch**a**m, also immer recht dunkel, **niemals** so hell wie in „Sahne"!
æ	**bad** [bæd], **flat** [flæt], **cat** [kæt]	Achtung aufgepasst! Das ist eher ein sehr hell gesprochener a-Laut als ein deutsches „ä"! Sprichst du am besten wie das kurze **a** in Qu**a**tsch oder w**a**schen
ə	**about** [ə'baʊt], **butter** ['bʌtə]	der Laut heißt „Schwa" und ist ein **ganz schwaches e** wie am Ende von bitt**e**
e	**bed** [bed], **head** [hed]	wie **e** in w**e**tten oder **ä** in h**ä**tte
ɜː	**first** [fɜːst], **bird** [bɜːd], **hurt** [hɜːt] **learn** [lɜːn], **her** [hɜː]	sprichst du etwa so wie das **ö** in H**ö**rner, nur etwas länger (aber das „r" darfst du im BE **nicht** mitsprechen!)
ɪ	**in** [ɪn], **bin** [bɪn], **crisps** [krɪsps]	kurzes **i** wie in b**i**tte, K**i**nd, **i**st
iː	**see** [siː], **jeans** [dʒiːnz], **read** [riːd]	wie langes **i** in n**ie**
ɒ	**shop** [ʃɒp], **lots of** ['lɒts ɒv]	sprichst du wie das **kurze o** in G**o**tt, L**o**tto, S**o**cken
ɔː	**morning** ['mɔːnɪŋ], **door** [dɔː], **of course** [əf'kɔːs]	klingt wie **langes o** in fr**o**h, Z**oo**
ʊ	**good** [gʊd], **put** [pʊt]	wie das kurze **u** in M**u**tter
uː	**too** [tuː], **boots** [buːts],	wie **uh** in Sch**uh**
aɪ	**ride** [raɪd], **my** [maɪ], **right** [raɪt]	wie **ei** in l**ei**se, n**ei**disch
aʊ	**cow** [kaʊ], **round** [raʊnd], **about** [ə'baʊt]	wie **au** in Fr**au**
əʊ	**hotel** [həʊ'tel], **coat** [kəʊt], **cold** [kəʊld]	du sprichst erst ein „Schwa" (Erklärung ist oben bei „ə") und sofort darauf ein kurzes **u**; ist ganz einfach!
eə	**hair** [heə], **pear** [peə], **scarecrow** ['skeəkrəʊ]	klingt wie **-är** in B**är** oder **-er** in h**er**, das „r" darfst du im BE aber **nicht** mitsprechen!
eɪ	**eight** [eɪt], **straight** [streɪt], **page** [peɪdʒ]	klingt wie **äi**
ɪə	rein **deer** ['reɪnˌdɪə], **year** [jɪə]	klingt wie **-ier** in h**ier**, das „r" wird im BE aber **nicht** mitgesprochen!
ɔɪ	**enjoy** [ɪn'dʒɔɪ], **boy** [bɔɪ]	du sprichst erst ein **o** wie das am Ende von Lott**o** und gleich darauf ein kurzes **i**
j	**year** [jɪə], **you** [juː]	wie **j** in **j**etzt
v	**very** ['verɪ], **over** ['əʊvə]	wie **v** in **V**ase oder **w** in **W**asser
w	**wait** [weɪt], **water** ['wɔːtə]	musst du ganz anders als ein deutsches „w" sprechen! Ist im Englischen ein **kurzes u**!

Erklärung der Lautschrift

Laut-schrift-zeichen	Englische Beispielwörter	Wie wird das ausgesprochen?
ŋ	thi**ng** [θɪŋ], u**n**cle [ˈʌŋkl]	wie **-ng** in Di**ng**
r	**r**oom [ruːm]	kein deutsches „r", weder ein gerolltes noch ein im Rachen gesprochenes! Man spricht es mit zurückgebogener Zunge.
s	**s**ee [siː], gla**ss** [glɑːs]	wie in la**ss**en, Li**s**te, hei**ß**
z	**z**ebra [ˈzebrə], year**s** [ˈjɪəz]	wie in le**s**en, **S**and
ʃ	**sh**op [ʃɒp], fi**sh** [fɪʃ]	wie **sch** in **Sch**olle, Fi**sch**
tʃ	**ch**eap [tʃiːp], ben**ch** [bentʃ]	wie **tsch-** in **tsch**üs!
ʒ	televi**si**on [ˈtelɪˌvɪʒn]	wie **g** in **G**enie und Eta**g**e
dʒ	**j**ump [dʒʌmp], bri**dge** [brɪdʒ]	wie **j** in **J**ob und **g** in **G**entleman
θ	**th**ank you [ˈθæŋk‿jʊ], **th**umb [θʌm]	wie wenn du in „fassen" das stimmlose („scharfe") Doppel-s **lispeln** würdest
ð	**th**ey [ðeɪ], **th**is [ðɪs]	wie wenn du in „Sense" die beiden weichen, stimmhaften s-Laute **lispeln** würdest